小学生传统文化第一课

中国好家风

忠\孝\廉\耻\勇

米家文化 编绘

浙江人民美术出版社

　　中国传统文化博大精深，源远流长，经过漫长岁月的沉淀，古人为我们留下了许多璀璨的文化瑰宝。即使在科学技术高度发达的今天，在各种新思潮、新学说大碰撞的时代，作为中华民族的一份子，我们每个人都有责任也有义务继承宣传我国的优秀文化传统。

　　但对于人生观、价值观尚未成形的儿童来说，究竟哪些传统美德适合他们首先去读呢？这离不开家长的引导，家庭教育的深耕。习近平同志指出："不论时代发生多大变化，不论生活格局发生多大变化，我们都要重视家庭建设，注重家庭、注重家教、注重家风。"

　　可以说，将优秀传统文化与家风建设相结合，是社会进一步发展的需求，也是今后孩子能够以更加开阔的视野、更加勃发的生机去面对、融入更美好社会的根本。正如习近平同志所说的，"家风正，则民风淳"，"千千万万个家庭的家风好，子女教育得好，社会风气好才有基础"。

　　丛书选取人修身养性最根本的15个字"仁义礼智信、温良恭俭让、忠孝廉耻勇"，作为传统文化第一课，讲给千千万万个家庭，使每个家庭不管大人还是孩子，都能够在优秀传统文化的熏陶下，树立起新时代的优良家风。

其中，"仁义礼智信"指的是人应崇尚、追求的五种高尚品德，"温良恭俭让"指的是人应培养、陶冶的五种高尚品性，而"忠孝廉耻勇"指的是人应信守、践行的五种高尚品格。三者中，品德是基础，品性显现的是品德自身的外现形态，而品格显现的则是品德表象化后的典范。

"仁义礼智信、温良恭俭让、忠孝廉耻勇"这15个字作为代表中华传统美德的有效概括，在国家大力提倡传统美德教育、重视家风建设的今天，在网络文化日益扩大影响，许多孩子沉迷虚幻网络文字、游戏的今天，每个家庭都很有必要通过这些生动的故事重树良好家风，让少年学子们在优秀传统文化的激励下振奋精神，培养健康心理，优化社会风气，为实现中国梦尽我之责。

编者
2018 年 1 月

目 录 | CONTENTS

苟利国家生死以,岂因祸福避趋之。

——[清] 林则徐

从命而利君谓之顺, 从命而不利君谓之谄;

逆命而利君谓之忠, 逆命而不利君谓之篡。

——《荀子·臣道》

宁死不屈的文天祥

　　南宋末年，奸臣频出，朝政腐败，大宋王朝处于风雨飘摇之中，随时都有可能覆灭。即使在这样黑暗的社会中，依然涌现出许多爱国将领和抗元名臣，文天祥就是其中的一位。

　　文天祥本来只是一个文官，但是为了保家卫国，才毅然决然地加入了抗击元兵的队伍。文天祥是宋末的政治家、文学家，著名的爱国将领，后世将他与陆秀夫、张世杰一起并称为"宋末三杰"。

　　文天祥少年时期在一个学宫（当时的学校）里读书求学。当时的教书先生为了勉励学生们发奋苦读，就在学宫里悬挂了许多先贤们的画像。

　　有一次，文天祥去看学宫里所祭拜的人的画像，当看到欧阳修、胡铨、杨邦乂等人的谥号里都有

一个"忠"字时，心里十分羡慕。于是，小小年纪的他就暗暗下决心，自己长大后也要成为一个像他们一样忠君爱国的人。

文天祥长大后，相貌堂堂，一表人才，后来还考取了进士得以在朝为官。当时北方的元军准备大举侵犯，妄图吞并宋朝。看到国家处于危难之际，文天祥虽然只是一介文官，但也想要贡献自己的一份力量。他拿出自己的家产，广招壮士，最后组成了一支拥有上万人的抗元救国的"义军"。

周围有人看到他散尽家财组建义军，就对他说："你拼尽全力才组织了这么些人，可是敌人的数量还是

百倍于你。你就这么点兵力，竟然想要阻挡元军的虎狼之师，那无异于螳臂挡车啊！"

文天祥听后大义凛然地说："国家危难之际，身为大宋子民，当保家卫国。大军来犯，如果人人只图安生而偏居一隅，那谁来救百姓于水火？我文某虽无大才，但也要贡献自己的绵薄之力，与有志之士共赴国难！"

虽然宋朝有许多像文天祥一样的爱国志士，但是最终还是不敌元军，节节败退。最后，南宋的统治者向元军投降了，而文天祥依然带领着士兵们进行反抗。他对身边的人说："我们身为大宋子民，现如今救国家于危难就犹如给我们自己的父母医治疾病，即使难以医治，作为儿女，我们也要全力救治，不能放弃啊！"后来，文天祥不幸兵败被抓，被押往潮阳。见到元军统帅时，元军的官员见他不卑不亢，一副满不在乎的样子，就厉声呵斥："见到我军将领，还不赶紧下跪！"文天祥宁死也不愿向敌军下跪，元军统帅见他如此有气节，就以宾客之礼待他。

为了瓦解文天祥的反抗意志，元军带着他一起

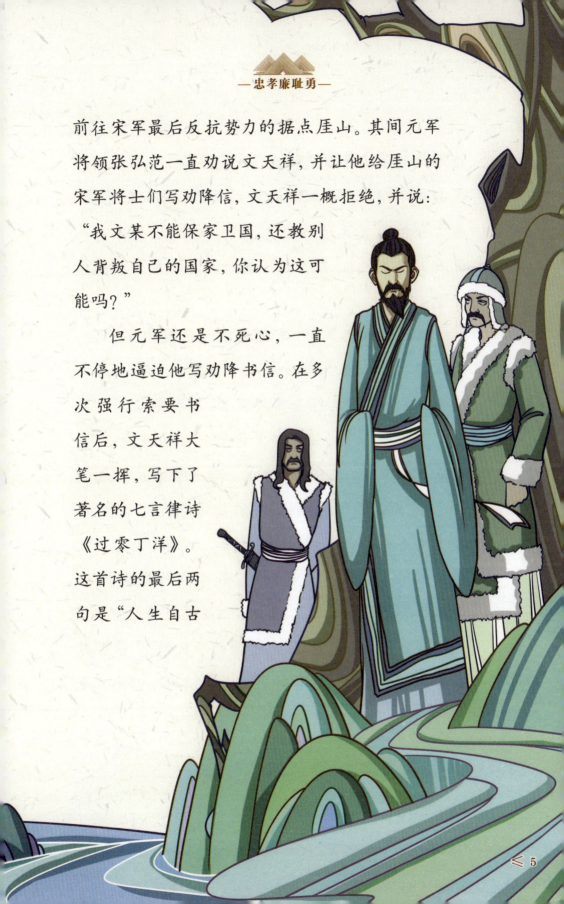

前往宋军最后反抗势力的据点厓山。其间元军将领张弘范一直劝说文天祥，并让他给厓山的宋军将士们写劝降信，文天祥一概拒绝，并说："我文某不能保家卫国，还教别人背叛自己的国家，你认为这可能吗？"

　　但元军还是不死心，一直不停地逼迫他写劝降书信。在多次强行索要书信后，文天祥大笔一挥，写下了著名的七言律诗《过零丁洋》。这首诗的最后两句是"人生自古谁无死？留取丹心照汗青"，表明了他忠心爱国的志向永不改变。元军将领看到后，虽然很失望，但却十分钦佩文天祥的为人，只好笑着说："文大人果真大丈夫也！"然后让下属将其写的诗文收藏了起来。

经过崖山之战后，宋朝可以说是彻底覆灭了。元军将领张弘范深知文天祥才华过人，一心想招降他。看到宋军已经全军覆灭后，张弘范认为这是个劝降的好机会，便亲自探访文天祥劝说道："文大人身为宋臣，已经尽了忠义。倘若你真心归顺大元皇帝，以你的才学，我张某敢担保你前途无量。"文天祥看到宋朝灭亡，眼中含泪，说："我文天祥生是大宋的人，死是大宋的鬼。如今我作为臣子，亲见国亡而不能救，怎么能心怀二心苟且偷生呢？你不要再说了，我是不会做元朝的子民的。"张弘范虽是元军统帅，但见其对宋朝如此忠心，心中不免

感动，于是派人将他护送到京师，听候朝廷发落。临走时，张弘范还拍了拍文天祥的肩膀，说："张某以后不能与你同朝为官了，可惜，可惜啊！"

来到京师后，元朝的统治者也深感于文天祥的为人，就问他："你现在还有什么愿望吗？"文天祥一字一句地说："文某深受大宋的恩德，不愿侍奉二主，如今国灭，我也不想苟活，只愿赐死。"

文天祥就这样从容赴死，据说他临死时也是跪拜向南，朝着故国的方向。

忠者说······

　　文天祥面对破碎的山河，带领着将士们奋起反抗。兵败后，依然心念故国，从容不迫地慷慨就义。他这种忠心爱国的精神不仅感动了当时的人，而且穿越时空激励着如今的爱国志士们。有的人死了，但是他还活着。文天祥的忠义精神将激励着我们一代又一代的年轻人奋勇前行。

忠

忠贞不渝的屈原

战国时期，群雄逐鹿于中原，在这大争之世先后涌现出了齐、楚、燕、韩、赵、魏、秦七个强大的诸侯国，史称"战国七雄"。其中的楚国出现了我国历史上第一位伟大的爱国诗人，他的名字叫作屈原。屈原不仅擅长诗词歌赋，还是一位很有才干的政治家，他忠君为民的故事直到现在还广为流传。他还是世界四大文化名人之一，我国的端午节就是为了纪念这位爱国诗人。

屈原出身于楚国贵族，从小就受到了良好的教育。虽然出身高贵，但是他不像其他王公贵族一样只顾吃喝玩乐，小小的屈原明白自己以后是要做大事的人，眼前的安逸只是浮云。他的住处是在乐平里，周围的人家大

都是一些普通百姓，所以身为贵族的他很了解民间疾苦，经常尽已所能地去帮助别人，因此广获百姓们的夸赞。再加上屈原聪明好学又志向远大，所以他早年很受皇室中人的赏识。

屈原长大后，果然不负众望，终成大才。于是，楚怀王就任命他为左徒，负责向君王劝谏并监管楚国的外交大事。看到国君如此信任自己，屈原心里十分感激，决定用自己的一生报效祖国。在任左徒期间，他忠于职守，举贤任能并修明法度，使楚国上下呈现出一派生机勃勃的景象。但是，忠心为国的他还是因为改革变法得罪了一些权贵，深遭这些权贵们的忌恨。有人进谗言说屈原专权独断，不把君王放在眼里。屈原为人直率，不懂阿谀奉承，谏言时常常言辞激烈，因此楚怀王虽然开始时很信任屈原，但久而久之，对其还是日渐疏远了。最终屈原被贬为三间大夫。

当时，"战国七雄"中秦国最为强大，并且常常欺负其他六国。为了应对强大的秦国，其他诸侯国常常结盟在一起共同御敌。秦国知道联盟的六国中齐国和楚国最为强大，要想瓦解六国的联盟，只要离间了这两个国家就行了。先前由于屈原在楚国担任外交大事，齐楚联盟很是牢固，所以秦国不敢轻举妄动。这次屈原被贬，楚国君臣不和，对秦国来说是一次瓦解联盟的好机会。

秦国派相国张仪前去楚国进行挑拨离间。张仪欺骗楚怀王说："只要楚国与齐国断交而结盟于秦国，秦国愿意献出六百里土地给楚国。"楚怀王是一个目光短浅的人，看到不用一兵一卒就可以白白得到六百里的土地，有些心动。屈原知道这肯定是秦国的阴谋，自己虽被贬官，但是爱国的他还是极

力劝谏说："秦国素有虎狼之心，君上一定不要为了眼前这点利益而背弃与齐国的盟约啊！"但是贪心的楚怀王听不进去，看到屈原喋喋不休，楚怀王一气之下就将他流放到了汉北地区。

最终，楚怀王断绝了与齐国的来往。但是当楚怀王派使者去秦国索要土地时，秦相张仪却改口说："我什么时候向楚国承诺过六百里土地，我说的明明是六里。"楚国使者无功而返，楚怀王得知被骗十分恼怒，于是就发兵攻打秦国，结果两次都失败了。这下子，楚国好处没有捞到，还因背弃盟约得罪了齐国。

孤立无援的楚国为了弥补与齐国的关系，又开始重新起用屈原，让他出使齐国重新结盟。屈原得知后，毫不犹豫地就去了齐国，但等他完成使命归国后，楚怀王又疏远了他。屈原虽被疏远，无法参与国政，但他依然忧国忧民，想尽办法为国出谋划策。

后来，楚怀王又被秦国邀请前去会盟，屈原劝阻说："君上难道还不知道秦国不可信吗？这次会盟，不如不去。"但是楚怀王禁不住其他大臣的怂恿，还是去了。结果，楚怀王刚进秦国就被扣留了，秦王逼迫他割让土地，楚怀王不肯，结果就这样客死秦国。

忠

　　楚怀王的尸体被送回楚国安葬，屈原得知君王去世，悲痛欲绝。各诸侯国也都认为秦国这样做十分的不仁义，以为楚国会讨伐秦国。没想到新楚王即位后竟然若无其事，依然载歌载舞。

　　屈原悲愤交加，对新君王说："老楚王被敌国扣留而客死他国，你身为儿子，即位后竟整日饮酒作乐，不思进取，你这样做对得起老君王吗？"新楚王看到屈原竟然敢指责自己，一气之下就将他放逐江南。

　　最终，楚国被秦国攻陷了国都。屈原看到国君昏庸，救国无望，心里极度的郁闷和绝望，眷恋故国的他就投汨罗江自尽了。

忠者说……

　　屈原一生忠君爱国，即使自己被贬官、被流放，当国家需要自己时，依然毫无怨言地奉献自己的一切。屈原忠于君王、忠于国家的爱国精神，一直传颂至今。生于现代的我们也要位卑未敢忘忧国，要忠于自己的国家，热爱我们的祖国。

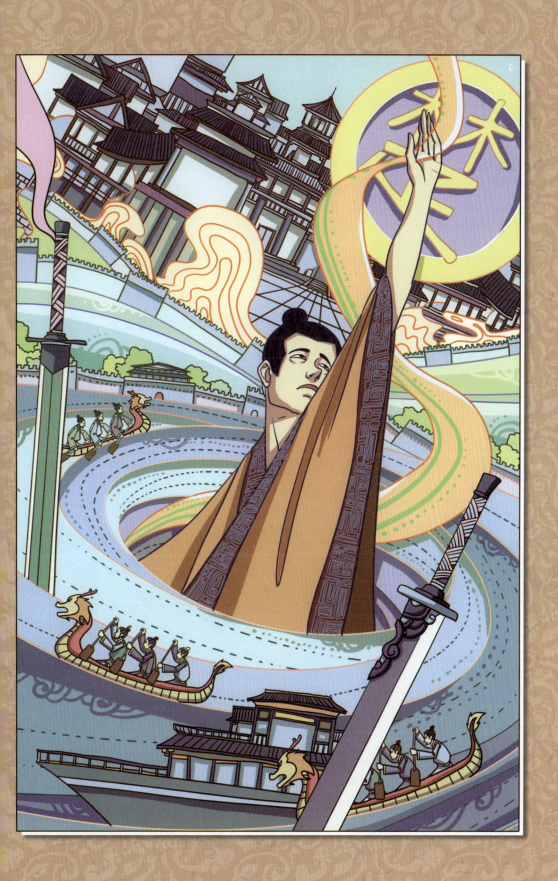

苏武牧羊

西汉时，在北方大漠活跃着一支游牧民族，名为匈奴。汉武帝即位后，为了安定边疆，曾多次讨伐匈奴。就这样你来我往，战争不断。这期间，两方都曾互派使者进行侦察，匈奴前后扣押了汉朝使者十余批人，汉朝也扣留了一些匈奴的使节作为回应。

有一年，匈奴换了新首领，由于这位刚即位的单于（匈奴首领）根基还未站稳，所以很怕汉朝攻打他。于是，这位单于就向汉武帝示弱，并放还了先前扣留的汉使。汉武帝看到匈奴示好，就任命苏武为中郎并担任主使，带着礼物将曾经扣留在汉朝的匈奴使节送还回国。

苏武一行人来到匈奴后，很好地完成了使命。意想不到的是，在准备返朝之际，副使张胜参与了匈奴内乱，意图谋杀匈奴的大臣卫律，但是苏武对这一切都不知情。结果，副使张胜的事情败露，被单于捉住了。苏武听闻后，觉得自己身为主使，手下却做出这样的事，认为自己对不起汉朝，就想自杀，但是数次都没有成功。结果，苏武就这样被匈奴扣留了，无法回归故国。

　　单于听闻苏武自杀的事情后，认为他很有气节，就派大臣卫律前去劝降苏武。卫律早年在汉朝生活，后来才投靠了匈奴。见到苏武后，卫律想先给他一个下马威，于是气势汹汹地说："副使张胜意图谋杀匈奴大臣，身为他的上级，你也应该连坐！"苏武不卑不亢地回答："这件事我本来就不知情，再说我和他又不是亲属，哪来的连坐之说？"卫律又用剑威胁苏武，但是苏

武纹丝不动，毫无畏惧之色。

卫律见他如此镇定，就放缓了声调，说："苏兄，你也知道我早年侍奉汉朝，后来归顺了单于。你看单于如今待我多好，赐我官位又给了我那么多的财富。你如果归顺了他，凭借苏兄的才学定有荣华富贵可享。"苏武听后默默不语。

卫律看到自己说了那么多好话，对方却没有任何反应，气极了："你要是听我的话归顺单于，咱俩以后就是兄弟；如果不听劝告，哼，你就等着做大草原野草的肥料吧，以后再想见到我可没那么容易了！"苏武听后立即破口大骂道："你身为汉朝的子民，却背恩弃义，向蛮族投降，甘为奴才。我见到你都感到羞耻，我苏武就是死，也绝不会投降。"卫律没有办法，只得摇摇头走了。

单于看到苏武不畏胁迫，更加想要他投降。于是，就将其囚禁在一个露天的大地窖里，不给他任何食物。天降大雪，饥寒

交迫的苏武就将自己衣服上的毡毛和着雪团一起吞入肚中。过了几日，匈奴人认为苏武无吃无喝，不饿死也差不多了，可是一看他竟然还好好地活着，很是惊奇。于是，就将看到的情况报告给了单于，单于得知后就让苏武到北海（今贝加尔湖）去牧羊，并说什么时候公羊生了小羊，就让他回归汉朝。

北海在当时是一个苦寒之地，苏武到了以后，没有任何粮食供给，他只能挖掘野鼠埋在洞里的果实充饥。苏武出使匈奴时身上带着一个汉节（汉朝使者的标志），不论是牧羊时还是其他时间都用手拿着，最后节上的牦牛毛全都脱落了，苏武也不舍得丢弃。

苏武在北海十几年，忠心不改，后来单于又派李陵前去说服。李陵是因兵败才投降了匈奴，他与苏武原本认识，感情不浅。两人相见后，李陵说："单于是真心想让你成为他的臣子，你想想你在这里空耗时间，白白受苦，即使你坚守信义，忠于汉朝，但是谁又能看得见呢？我当初投降时，也是痛苦万分。但是人生苦短，侍奉哪一位君主不是照样生活，又何必自找苦吃呢？这都十几年了，我听闻你家里有了变故，兄弟父母都去世了，就连你的妻子见你多年未归也改嫁了。我看你就听从我的话，归顺单于吧！"

苏武听后，平静地回答："我们苏家对大汉没有什么大功劳，全都是靠君王的恩赐才得以做官。身为臣子当肝脑涂地为国捐躯，我不能背叛自己的

国家。你不要再劝我投降

了，否则我立刻死在你的面前。"李陵见其对大汉如此忠贞，仰天长叹："尊兄果真忠义，我和卫律与您相比，简直枉为汉人啊！"

后来，李陵又来到北海告知苏武汉武帝驾崩的消息。苏武听后，朝着汉朝的方向大哭直至吐血，并为君王的去世哀痛数月。一心忠于汉朝的苏武历尽千辛万苦，在被匈奴扣留十九年后才得以归汉，回来时连头发和胡子都已经变白了。被扣留期间，他始终持节不屈，最后受到了朝廷隆重的嘉奖。苏武牧羊的故事更是流芳百世，令后人赞叹。

忠者说 ......

故事中的苏武面对匈奴人的威逼利诱，甚至是被押往北海牧羊，依然心系汉朝，不改志节。被扣留在外近二十载，对自己的国家始终忠贞不渝，用实际行动彰显了什么是忠义精神。即使到了今天，苏武这种忠贞爱国的精神依然值得我们学习和传承。

忠

狄仁杰尽忠谏言

狄仁杰，字怀英，他是唐代武周时期的政治家，也是我国历史上唯一的女皇帝武则天当朝时的股肱之臣。狄仁杰为官清廉，一直尽心尽责，他两次为相，深得皇帝的信赖。

皇帝敬重他，从不直呼其名，而是尊称他国老或者怀英。武则天当政时期，刑法严厉，很多官员上朝时都是战战兢兢的，生怕惹祸上身而不敢直言进谏。而狄仁杰为了大局着想，常常不顾自身安危，敢于在朝堂之上犯颜直谏。

武则天称帝后，改国号为周，并且十分重用自己的宗室亲属。她的很多侄子都被封了王侯，就连大臣们有了功劳，赏赐的姓氏也是武姓，而不是唐朝原来的李姓。

武则天曾经将自己的儿子立为太子，不过后来又废黜（chù）了，所以皇储的事情迟迟悬而未决。而

她的侄子武承嗣看到自己有做太子的机会，就让许多亲近的大臣为自己说好话，支持他做太子。

有些大臣便借机对武则天说："皇上既然为武氏皇帝，那就不应该再立李氏的子孙为皇嗣。"武则天听后觉得有道理，并且她也非常喜欢武承嗣这个侄子，因此心里有这方面的想法。可是朝中还有相当一部分的大臣，极力反对立武承嗣为太子，所以身为皇帝的武则天有些左右为难。

一天，武则天将狄仁杰召进宫中，对他说："怀英啊，大臣之中属你最有学识了，我昨天晚上做了一个梦，你帮我解一下，看看到底是什么含义。"狄仁杰很诧异，武则天素来不信鬼神之说，今日为何要找自己来解梦。但是即便如此狄仁杰还是恭恭敬敬地问："不知皇上昨晚做了什么样的梦？"武则天说自己梦到

忠

了一只鹦鹉，这只鹦鹉哪里都好，外表华丽，羽翼丰满，并且叫声也很清脆，但是唯独两只翅膀却是折断的。

狄仁杰听后，知道武则天这是在试探他对立太子的看法，于是就回答说："鹦鹉与'英武'同音，代表的是武氏，也就是皇上您的姓氏，而两只翅膀代表的就是您的两个儿子庐陵王李显和相王李旦，现在他们俩被贬就犹如被折断的翅膀。所以，皇上如果重新重用他们，那么这只鹦鹉就会变得完整无缺。"武则天听后，若有所思。

狄仁杰趁机谏言："微臣知道，皇上最近在为立谁做太子而烦恼。臣斗胆谏言，您应该立自己的儿子为太子，这样等您百年之后还能进入太庙。立自己的侄子为太子，到时哪会有天子让自己的姑姑进入太庙的呢？"武则天听到这句话，十分生气，就说："这是朕的家事，你不用管，也管不着。"

狄仁杰见君王生气，一点也不慌张，而是郑重地说："王者以四海为家，四海之内，哪一个人不是您的臣民？您的家事不也就是天下人的事吗？皇上您作为万人之上的君王，而我又是您的大臣，君臣

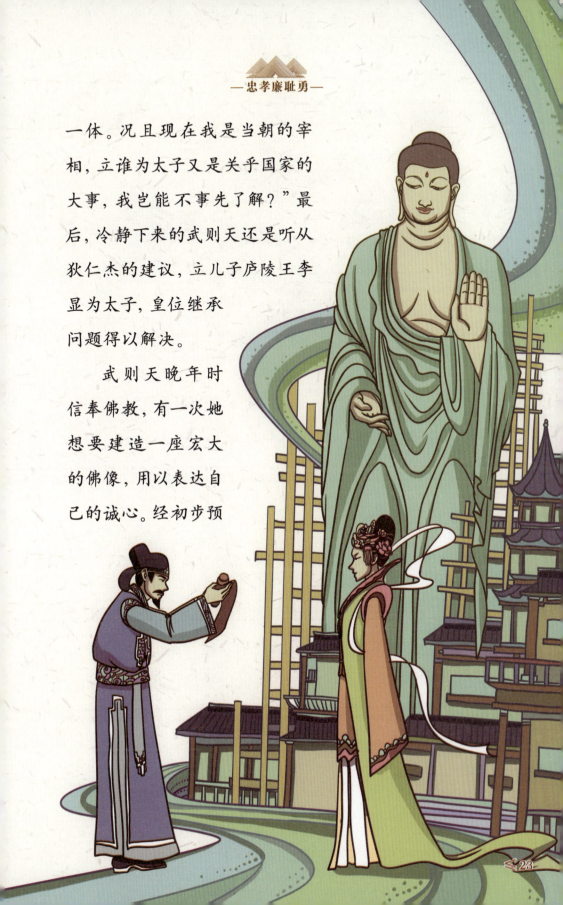

一体。况且现在我是当朝的宰相，立谁为太子又是关乎国家的大事，我岂能不事先了解？"最后，冷静下来的武则天还是听从狄仁杰的建议，立儿子庐陵王李显为太子，皇位继承问题得以解决。

武则天晚年时信奉佛教，有一次她想要建造一座宏大的佛像，用以表达自己的诚心。经初步预

算，需要数百万钱，但是府库里钱财不足，便下诏令让天下的僧人每天出一钱相助。当时的僧人很少从事生产劳动，他们的钱财大都来自百姓的捐赠，让僧人捐钱无异于让百姓们捐钱。

得知消息的狄仁杰虽然病重卧床，但依然极力反对并谏言道："建造佛像不可能靠鬼神来完成，肯定要役使人力，就像谷物不可能从天上掉下来，而是需要从地里长出来一样。陛下您这样大兴土木，肯定会劳民伤财。现在国家虽然日益昌盛，但是边境并不是一片安宁，您应该减轻徭役，而不是将时间和钱财都耗费在这种事情上。即使建造佛像时需要雇请一些工匠，以此来救济他们，但是到时候肯定会耽误农时，并且这种工程极易发生危险。所以微臣反对建造佛像，恳请皇上三思啊！"武则天看到狄仁杰忍着病痛，依然为朝廷着想，为百姓请命，甚是感动，于是就取消了诏令。

狄仁杰在上疏力阻建造佛像后的同年九月，不幸病重去世了。他去世后，武则天亲自为他主持丧礼，废朝三日以示哀悼。后来，每当朝堂之上遇到大事不能决断时，武则天都会想起狄仁杰，并叹息道："要是国老还在就好了。"

忠者说......

武则天身为一代女皇，依然离不开像狄仁杰这样的忠诚之士。故事中的狄仁杰为天下百姓着想，敢于直言上谏。当皇上的决策不正确时，能够冒死请命，甚至是在自己病重时，也为国家着想，为百姓分忧。狄仁杰身为人臣，尽职尽责，我们在生活中，也要学习他这种尽忠职守的精神，做好自己的本分。

指鹿为马害忠良

秦始皇统一六国后，自己称帝，建立了大秦帝国。可是他晚年痴迷于求仙问道，渴望长生不老，于是开始苛政虐民，动摇了秦王朝的根基。后来，被后世称为"千古一帝"的秦始皇在一次东巡途中驾崩了。结果他的去世引起了朝野上下的剧变，在这场剧变中有一位名字叫作赵高的奸臣，他的出现加速了秦王朝的灭亡。

赵高原本是秦国的宗室远亲，后来因种种原因进入了王宫，成了一名宦官。赵高能写一手好字，尤其擅长篆刻，所以秦始皇在位期间任命他为中车府令，让其执掌传达皇帝命令的职务。后来，因为他精通狱法，又让他担任二公子胡亥的老师，教授判案断狱。

赵高为人阴险狡诈，心胸狭窄。有一次，他犯了大错，秦始皇就将他交给了蒙毅依法处置。蒙毅接到命令后，不敢轻慢，于是上报秦始皇说："按照秦国法典，对于赵高所犯的罪行，应该剥夺他的官职，并判死刑。"秦始皇没有想到对他的处罚会那么严重，念及赵高平日里侍奉在自己的左右，就下令赦免了他。赵高因此捡回了一条命，并且开始对蒙毅怀恨在心，一心想着要报复。

秦始皇死后，赵高利用自己职位的便利，与当时的丞相李斯勾结在一起，合谋伪造诏书。当时即位的应该是秦始皇的长子公子扶苏，而赵高篡改了诏书，首先逼迫公子扶苏自杀，立次子胡亥为帝，即秦二世，接着又将蒙毅蒙恬兄弟二人囚禁起来并杀害。眼前的阻碍清除了之后，赵高又自任为郎中令，独揽大权，并且对天下百姓更加

的苛刻严厉，使人民的生活更加的艰难。

恶毒的赵高仍不满足，便向秦二世胡亥进献谗言，陷害丞相李斯并取而代之。

"名正言顺"地成为丞相后，赵高更加狂妄，渐渐地甚至不把胡亥放在眼里。为了试探朝廷里哪些大臣是听从于自己的，哪些是反对自己的，他一直都在暗中策划着一个阴谋。

一天，所有的大臣们都来朝贺胡亥，赵高趁机让人牵了一头鹿出来。而后，他指着鹿说："今日群臣进贺，微臣特地向陛下进献一匹马。"

秦二世胡亥虽然昏庸，但是并不糊涂，马和鹿还是很容易分得清的，于是就笑着说："丞相真会开玩笑，这明明是一头鹿，怎么能说它是一匹马呢？"

胡亥刚说完，赵高就趁机绷着脸问在场的大臣："你们说说这到底是鹿还是马？"在场的大臣们，有的人惧怕赵高，默默不语；有的人连忙奉承，说这是一匹好马；还有的人说赵高搬弄是非，这明明是一头鹿。

胡亥看到大臣们众口不一，也不敢相信自己的眼睛了，认为肯定是自己冲撞了神灵，于是就打着要斋戒的幌子提前走开了。结果胡亥前脚刚走，赵高就急不可耐地将朝堂之上说"鹿"的大臣纷纷拉出去，就地正法。赵高残害忠良的行为令人发指，全国各地民众纷纷起义，本来就摇摇欲坠的秦王朝这下子更是雪上加霜。

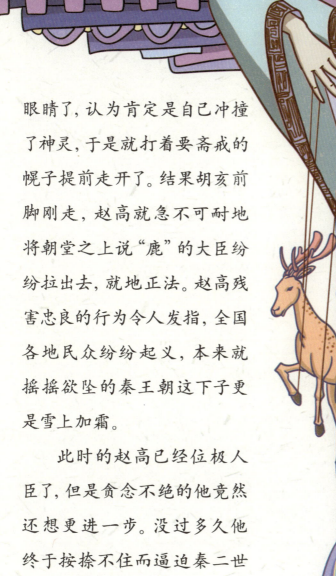

此时的赵高已经位极人臣了，但是贪念不绝的他竟然还想更进一步。没过多久他终于按捺不住而逼迫秦二世胡亥自杀了。胡亥死后，赵高本想自己登基称王，但是文武百官低头不语，没有一个赞同的，他明白这是一种无声的抵抗。无奈之下，赵高只得临时改变主意，将传国玉玺交给了王室成员扶苏的儿子子婴。

子婴早就知道赵高的为人，他明白即使自己接受玉玺称王，也不过是一个傀儡皇帝罢了。于是，子婴称病不受，赵高没有办法只好亲自去请。结果，赵高刚到，子婴就命身边的人将其拿下，立刻处死了他，之后召集群臣，历数赵高的滔天罪行，并斩杀了他的族人。

忠者说·······

故事中的赵高身为臣子，上不能忠君爱国，下不能体恤百姓，并且还残害忠良，弑君篡权，最终不得善终还牵连三族。俗话说，善恶到头终有报，赵高的事例就给了我们一个警醒，一个为人不忠的人，在生活中最终也不会有什么好结果。

事其亲者，不择地而安之，孝之至也。

——《庄子·内篇》

孝子之养也，乐其心，不违其志。

——《礼记·内则》

闵子骞(qiān)单衣顺母

　　春秋时期，在鲁国有一位名字叫作闵损的人。闵损，字子骞，是孔子门下"七十二贤"之一，他的德行与颜渊并称。孔子非常喜爱这位弟子，曾经赞扬闵子骞说："孝哉，闵子骞！"闵子骞以孝道闻名于天下，后来他的故事还被编入了《二十四孝》之中。

　　闵子骞的先祖是王公贵族，但是到了他父亲这一代，按当时的制度，八世之后将有别于公族，所以已经沦落成庶民了。当时由于鲁国发生了内乱，闵子骞的父亲为了躲避战乱举家搬迁到了萧地（今安徽萧县附近），并以教书维持生活。

　　闵子骞幼年丧母，父亲看到孩子还小就又给他找了一个继母姚氏，因此年少的闵子骞又多了两个同父异母的弟弟。小小年纪的他看到自己又有了母亲，以为可以好好地得到享受母爱了，但是继母只偏爱自己亲生的孩子，对闵子骞不仅不疼爱，还常常趁丈夫不在虐待他。三个孩子中，闵子骞年龄最大，但却是长得最瘦的一个。虽然平日里继母待闵子骞很不好，但是闵子骞却从没有埋怨过。

有一年大年初二，按当地的习俗闵子骞要跟着父亲去外婆家（闵子骞亲生母亲的娘家）拜年。早上一家人刚吃过饭，父亲就带着闵子骞兄弟三人出门了，继母则留在家里看家。当时的闵子骞已经算是少年了，父亲在平日里曾教过他怎样驾驶牛车，所以当时执鞭驾车的任务就交给了他。

刚开始，牛车行驶得稳稳当当的，父亲坐在车里很是满意。可是没想到，当车走到象山脚下的杜村时，霎时变了天，铅灰色的乌云从后面压了过来。父亲看到天气骤变，于是督促闵子骞加快速度赶车。

"驾！驾！"闵子骞边挥舞鞭子边喊道，老牛也"哞哞"地叫着回应。

果然，不一会儿，寒风呼啸，大雪纷飞，地上很快就全白了。又瘦又小的闵子骞面对寒风，冻得浑身哆嗦，连手中的鞭子也快拿不稳了。牛车在风雪里吱呀吱呀地呻吟着，父亲看到牛车慢得都快成蜗牛了，就呵斥闵子骞让他赶紧使劲赶牛。

"驾！驾……驾！"由于天气寒冷，闵子骞冻得连声音都有些颤抖了。虽然心里一直想着要好好驾驶牛车，可是手已经冻僵不听使唤了，最后连牛绳、鞭子都握不住滑落在地，牛车也因此失去控制，倾覆在雪地上。

父亲在车上看到闵子骞和两个弟弟都穿着新做的厚棉衣，而弟弟们却没有一丝寒意，就认为是闵子骞驾驶不当。气愤的父亲呵斥道："瞧你这点儿出息，连个牛车都驾驶不好！"说着就举起鞭子向闵子骞身上抽打过去。

父亲本来只想教训一下儿子，没想到刚打两下，鞭打之处，棉衣绽开，一片片芦花飘飞出来。父亲一脸的惊讶，原来闵子骞身上穿的衣服看着是一件厚厚的棉衣，实则里面全是芦花，根本就不能御寒。这哪是棉衣，分明就是单衣啊！父亲愣了一会儿神，又转身撕开另外两个儿子的棉衣，发现里面全是上好的新棉花。看着眼前的一切，父亲此时才恍然大悟，这明明就是现在的妻子在虐待先前的儿子。

　　闵子骞两个年幼的弟弟看到哥哥挨打，父亲又是一脸阴沉的样子，吓得哇哇大哭。一直铁青着脸的父亲将自己的衣服脱下来，披在闵子骞的身上，扶起牛车后对三个儿子说："赶紧上车，回家！"

妻子姚氏见丈夫无缘无故这么早就回来了，连忙前去询问原因。

此时闵子骞的父亲正在气头上，二话没说就走进书房，磨墨展纸，写下了一份休书。然后，将休书扔在姚氏面前，说："你走吧！以后不要再进我的家门了。"

妻子姚氏看到丈夫突然要把自己赶出家门，顿时慌了，哭喊道："我辛辛苦苦地侍奉你，帮你养育孩子，为什么你要如此狠心赶我走？"

"我狠心？你看看你都做了些什么。大儿子就不是你的孩子吗？"姚氏知道自己虐待子骞的事情暴露了，但是依然不肯离开，就在那里哭起来。

闵子骞看到父亲要赶走继母，这个家庭眼看就要破碎了，于是赶紧走向前去跪在父亲的面前哭着说："我从小就没有母亲，现在有了继母，与以前相比要好上百倍。留下继母，我一个人受点苦没什

么；倘若赶走继母，我和弟弟三人就真的成了没有娘的孩子了。"

继母姚氏看到闵子骞如此这般，深受感动，并为自己以前的行为感到万分羞愧。父亲看到儿子不计前嫌，苦苦挽留继母，孝行可嘉，再回头看妻子也已经悔悟，就原谅了姚氏。

自此以后，继母痛改前非，视闵子骞为己出，对他疼爱有加，一家人过上了幸福的生活。后来，人们为了纪念闵子骞的孝行，将"杜村"改名为"鞭打芦花车牛返村"，简称"车牛返村"。

孝者说 ······

故事中闵子骞的继母刚开始待他刻薄，甚至给他缝制的棉衣里塞的也是不能御寒的芦花。可是闵子骞不仅没有埋怨，当父亲要将继母赶出家门时，还苦苦哀求父亲要求挽留继母。最终，他的孝行感动了父亲和继母，一家人终于过上了和谐美满的生活。俗话说：百善孝为先。我们身为子女，一定要孝敬长辈，因为一个连对自己的长辈都不孝敬的人，他又怎能善待他人呢？

陆绩怀橘孝母

三国时期，在东吴有一位叫作陆绩的大科学家。他博学多识，精通天文运算，并且绘制出了著名的《浑天图》。后来，陆绩在东吴做官，官至郁林太守，由于为官清廉，他深得周围百姓的信赖。其实，陆绩不仅是一名清官，还是历史上有名的孝子，他怀橘遗亲的故事至今还广为流传。

一个人为人孝廉，常常与他良好的家风是分不开的。陆绩的父亲陆康孝顺善良，曾经被当地的太守举荐为"孝廉"。后来，那位太守不幸客死他乡，陆康知恩图报，亲自将太守的灵柩送回家乡并操办了他的葬礼。

事后，小小年纪的陆绩见父亲离家数月，就问起原因。陆康看儿子虽小，但还是耐心地教导他说："做人要知恩图报，等你长大了一定不要忘记我和你母亲啊！"小陆绩虽然不懂知恩图报的意思，但是他知道父母生养自己不容易，有好吃的一定要想着父母。于是，陆绩回答说："我把好吃的东西给你和母亲，算不算知恩图报啊？"

父亲听后抚摸着陆绩的头，笑着说："算，孝敬父母当然算了。"父亲说完就离开处理其他事情去了，但是他的话却在小陆绩的心里生了根、发了芽。

当时正是乱世，豪杰并起。后来父亲陆康做了庐江太守，与当时的袁术关系特别好。

有一次，袁术写信邀请陆康到他家去做客，陆康

欣然答应。临行前，陆绩看到父亲要出门去拜访朋友，也想跟着去。父亲认为陆绩已经六岁了，带他出去见见世面，多学学礼仪也没什么坏处，所以就带着他出了门。

由于这是小陆绩第一次跟随父亲到袁术家做客，因此在路上父亲多次叮嘱他，到主人家里要遵守规矩，懂礼貌，不要乱跑乱叫。陆绩眨着大眼睛认真聆听父亲的教诲，边听边连连点头。

由于路途并不遥远，所以没有用多少时间，陆康父子就到了袁术的府宅。下了马车后，陆绩很听话，一言一行都很符合礼仪，简直是一个小大人。袁术看到小小年纪的陆绩就如此懂礼貌，心里十分欢喜，连连夸赞他聪明伶俐。

做客期间，袁术对小陆绩说："我和你父亲要商量一些事情，你自己一个人在旁边玩可以吗？"陆绩点头答应。然后，袁术就让下人端上来一些橘子招待他。

懂事的陆绩看到长辈们在谈话，他就安安静静地坐在旁边吃橘子。这个时节，正是柑橘成熟的时候，看着眼前又大又圆的橘子，嘴馋的小陆绩早就

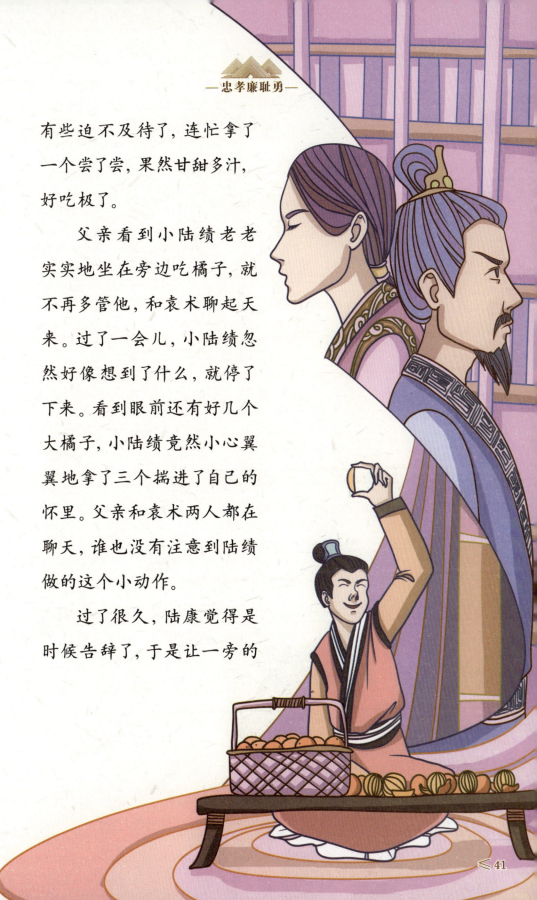

有些迫不及待了，连忙拿了一个尝了尝，果然甘甜多汁，好吃极了。

父亲看到小陆绩老老实实地坐在旁边吃橘子，就不再多管他，和袁术聊起天来。过了一会儿，小陆绩忽然好像想到了什么，就停了下来。看到眼前还有好几个大橘子，小陆绩竟然小心翼翼地拿了三个揣进了自己的怀里。父亲和袁术两人都在聊天，谁也没有注意到陆绩做的这个小动作。

过了很久，陆康觉得是时候告辞了，于是让一旁的小陆绩给袁绍行礼告别。陆绩听到父亲喊自己的名字，便双手抱在胸前，边答应着边慢慢地从椅子上走下来。结果，小陆绩来到袁术的面前，刚要双手作揖行礼，三个金黄的大橘子便从衣襟里骨碌碌地掉了出来，滚落在地。

父亲陆康看到自己的儿子在主人面前竟然暗怀橘子，十分尴尬。而袁术见此情景，则哈哈大笑，然后故意装出一脸严肃的样子对小陆绩说："你来我家做客，临走时却在怀里藏橘子，为什么要这样做啊？"

陆绩慌忙跪在地上回答说："父亲经常教导我，有好吃的东西要想着父母，为人要知恩图报。我觉得您招待我们的橘子非常好吃，但是我母亲在家却吃不到。我怕临走时明目张胆地拿走几个橘

子，惹您笑话，所以才在怀里藏几个准备带回去孝敬家母。"

　　袁术听闻，又惊又喜，对陆康说："令郎年纪那么小，就已经有如此孝心，我看日后必成大材！"

　　袁术果然没有看错，从小讲礼孝顺的陆绩长大后颇具才干，为周围的百姓们做了许多好事。在他的带领下，陆家孝敬长辈的家风代代延续。

孝者说 ······

　　诗云：孝悌皆天性，人间六岁儿。袖中怀绿橘，遗母报乳哺。故事中陆绩小小年纪就知道将柑橘带回家中供母亲品尝，他的孝心着实令人称赞。孝敬父母是我国优良的传统美德，作为中华民族大家庭的一份子，我们有责任有义务将这种美德传承下去，让孝道在我们每一个人的心中生根发芽，发扬光大。

拾葚(shèn)异器的蔡顺

蔡顺是西汉末年汝南（今属河南）人，父亲早逝，母子俩相依为命。他明白，母亲一个人含辛茹苦地将自己养大成人十分不易，所以蔡顺侍奉母亲格外的孝顺。

当时正处于王莽乱政时期，全国各地义军四起，纷纷讨伐王莽。蔡顺看到家乡兵荒马乱的，为了躲避战乱，就带着老母亲逃到了椹涧。

本以为逃离了家乡，日子就会好过一些，谁知椹涧也因连年战乱，当地大部分的百姓都逃难去了。蔡顺母子俩的生活更加艰难，为了解决温饱问题，蔡顺只好将老母亲留在家中，自己外出乞讨。每当得到一些食物后，他全都交给母亲吃，而自己只挖些野菜、捡些野果子充饥。

后来，樊崇带领的赤眉军打到了许昌，百姓们害怕遭到起义军的抢掠，纷纷逃命。在椹涧留守的百姓本来就不多，蔡顺已经很难讨到饭了，这下子赤眉军一来，他们母子俩的生活更是雪上加霜。为了找到食物，蔡顺往往需要走很远的路，甚至有时候天黑才能回来。母亲由于担心儿子，就到村口去等候直到蔡顺回来。后来人们为了纪念此事，将当地的三岗寺更名为"等子寺"。

一天，天刚蒙蒙亮，蔡顺就带着篮子和碗出门讨饭。母亲看他要出门就嘱咐他要早点回来，蔡顺一边应着，一边走出了家门。结果眼看都要中午了，他还是没有半点收获。

正当蔡顺垂头丧气的时候，忽然看到前面有一片桑林。饥肠辘辘的他仿佛看见了救星一样，跟跟跄跄地向桑林赶去。果然，地上散落着好多桑葚，蔡顺心想："看样子今天不用再挨饿

了。"他放下篮子，开始捡拾桑葚。其中黑紫色的桑葚放在碗里，青红色的另放一处。不一会儿，篮子已经装得差不多了，蔡顺就准备赶回家孝敬母亲。

由于幸运地捡到那么多的桑葚，蔡顺如获至宝，心里十分高兴。正当他满心欢喜地赶回家时，却在半路上碰到了一队赤眉军。

赤眉军的首领樊崇为了区分自己的部下和敌人，他就下令让起义军都把眉毛染成红色，所以军队才有了这个名号。当时天下大乱，普通老百姓见到任何军队都很害怕。蔡顺一看是赤眉军，提着篮子转身就想跑，结果还是被赤眉军逮了回来。

士兵们见以往逃命的人都会丢弃财物，一心保命，为何这个人逃跑还要带着一个笨重的篮子。于是把蔡顺的篮子拿了过来，想瞧一瞧里面到底有什么重要的东西。结果看到里面只有一些桑葚，但是桑葚却按颜色分成了两份，士兵们感到很是奇怪，就询问原因。

蔡顺哭喊着说："我原本是逃难的人，家中还有一老母，今日出门讨饭才得来这些桑葚。黑紫色的桑葚是熟透了的，甜的，准备孝敬给母亲。旁边那些青红色的还没有熟透，味道不好，准备留着自己充饥。我母亲年纪大了，眼神不好，怕她不认识，所以才分成两份。"蔡顺以为赤眉军要把他捡拾的桑葚给夺走，就哀求道："我和母亲已经好几日没吃过一顿饱饭了，恳请你们给我留一些桑葚，我不能让家中老母亲再挨饿了啊！"

赤眉军看到蔡顺为了母亲不仅将捡拾的桑葚分开盛放，而且在自己身处险境时也不忘为家中老母亲着想，个个深受感动。于是，赤眉军放开了他，并要送他米面和酒肉，蔡顺知道这些东西都是抢来的，不愿接受不义之财，对此一概婉拒了。

蔡顺看到赤眉军中有许多年纪不大的士兵，于是在临走时就说："历来征战，最受苦的都是平民百姓。那些家中只有一子的老人，常常因为战乱而白发人送黑发人，等自己老了病重时，身边连个照顾的人都没有，甚是可怜啊！"说完就回家了。赤眉

军中有一些士兵在家中是独子，听闻他的话后，对家乡的亲人更加的思念，于是就有很多人不想再为权贵们卖命，都回家尽孝道去了。

战乱结束后，颍川太守因他的孝名而举荐他为孝廉，蔡顺不接受，说自己只想好好地孝敬母亲，让她颐养天年。

母亲在蔡顺无微不至的照顾下，直至九十岁才去世，然后葬在了等子寺旁。后来，楷涧村的百姓在村东建了一座"蔡孝子祠"，用以纪念蔡顺的孝行。

孝者说 ……

蔡顺一生中没有当过什么大官，也不是什么文豪墨客，但是他"拾葚异器"的孝行却足以让后世敬仰。孝敬父母并不一定非得等到自己富贵或者发达了，才能践行。古语云：树欲静而风不止，子欲养而亲不待。不要等到父母老去的那一天才想起要好好孝敬他们，真正的孝心永远体现在平日的生活里，表现在日常的小事中。

王祥至孝敬继母

汉末晋初的时候，琅琊临沂（今属山东临沂）有一个名字叫作王祥的人。他以孝敬父母而闻名于世，有着"孝圣"的称呼。

王祥的母亲因病早早地去世了，父亲认为家中不能无人打理，就又娶了一位妻子朱氏。朱氏成了王祥的继母后，对他并不好，还常常在背后向王祥的父亲告状，说王祥品行顽劣，不好管教。

由于继母的恶语中伤，王祥与父亲的关系日渐生疏，常常受到父亲的怒骂与责罚。可以说，王祥幼年生活在一个充满冷漠和暴力的家庭，但是阴暗的童年经历并没有给他留下心理阴影。相反，他的性格更加阳光开朗，即使常常得到的只是父母的冷言冷语，王祥依然对父

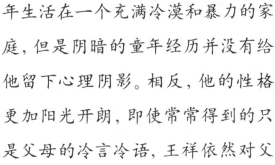

母敬爱有加。父母中有谁生了病，他总是守候在一旁，衣不解带地照顾着。

继母朱氏是一个心胸狭窄的女人，对王祥很是刻薄，从不给他好脸色。王祥年纪不大，家境也不算差，继母却总让他干繁重的活计，有时候还故意让他去打扫肮脏的牛圈。面对继母的种种刁难，王祥总是一声不吭地照做，从来没有过怨言。

邻居看到朱氏这样对待王祥，经常叹息说：'蝎子的尾巴，后娘的心'。王祥这孩子真可怜，没有亲娘疼，父亲也不爱。"王祥每每听到周围人这样说，都会制止他们说："父母生我养我，供我吃穿，我已经很

知足了。"

　　王祥家的庭院里种有一棵红沙果树，有一年盛夏，沙果结满枝头。继母怕有人来偷摘，就让王祥好好看守。王祥知道继母喜爱吃沙果，所以尽心尽责地守护着果树，白天有鸟雀飞来，他就赶走鸟雀，晚上还常常出来看看，以防有人偷食。夏季多雨，每逢刮风下雨时，王祥就跑到树下，抱着沙果树大哭，担心风雨把沙果打落。就这样，沙果一直到成熟也没有丢掉几个，看到继母能够吃上喜爱的水果，王祥很是高兴。

　　有一年冬天，继母朱氏得了病，经常茶不思饭不想，王祥看在眼里急在心里。一天，继母看到面前的饭菜，又推碗不食，王祥的父亲见此情景，就问："大夫说你需要好好静养，可你老不吃饭菜，如何是好？夫人你想吃什么，我去给你买。"

　　由于病中不思食，朱氏就说："我想喝新鲜的鲤鱼汤。""这大冬天的，集市上也没有卖鱼的啊！要不换其他的吧！"由于朱氏脾气比较倔强，再加上久病成疾，坚持非要喝鲤鱼汤。家里其他人听了都无可奈何，只有王祥听到后，二话没说就拿着铁

孝

镐出了门。

王祥的父亲守在朱氏的床边，一边和她聊天一边开导她。这时朱氏忽然想起家里还有些杂事没处理，就喊道："祥儿，你在哪里？快过来一下。"结果喊了半天，也没见有人回应，朱氏就生气地说："你看看王祥这孩子，我都病成这样了，他还出去疯玩，一点都不知道孝敬我。"王祥的父亲在一旁也附和着，并说回来一定好好教训他一顿。

王祥出了门之后，直奔屋后的小河。时值寒冬腊月，北风呼呼地刮，天冷得连鸟儿都不敢出窝。王祥赶到河边时，发现河中果然结了冰，心想："幸亏自己带了铁镐来。"他走到冰面上，动手砸冰，但是天寒地冻，冰面硬得根本就砸不开。

王祥不想放弃，又在其他地方试了几次，结果都是只在冰面上留下几个苍白的痕迹。想到继母因为没有食欲而茶饭不思，王祥心里就像被火烤一样。"砸不开你，我还不能融化了你。"说着就脱下衣服，趴在冰面上想用自己的体温将冰融化。

在这种天气里人冻得都不想出屋，而王祥几乎没穿衣服就这样趴在冰面上，硬是融化了一些冰。也许是他的孝行感动了天地，被他趴着的冰面竟然裂开了一个口子，里面还跃出了两条鲤鱼。王祥顾不得寒冷，两只手颤巍巍地将鱼捞上来，满心欢喜地向家赶去。

父亲听到开门进屋的脚步声，以为王祥玩耍回来了，摆出一副怒气冲冲的样子正想责骂一番。可是看到儿子浑身哆嗦，手里捧着两条活蹦着的鲤鱼，父亲感动的同时也很诧异，就问他从哪得到的鱼。王祥就把自己得到鲤鱼的经过说了出来，继母朱氏听后羞愧不已，将王祥拉到身边哭着说："祥儿，为娘以前那样待你，你不仅不埋怨，对我还如此孝敬，为娘惭愧啊！我以后再也不嫌弃你了！"

王祥扑倒在母亲的怀里，留下了幸福的眼泪。

孝者说······

故事中的王祥面对继母不公的待遇，任劳任怨，在继母生病时不惧严寒，卧冰求鲤，他的孝心就是如此的专诚而纯正。王祥"卧冰求鲤"的孝行已经成为了佳话，代代相传，我们身为新时代、新中国的主人，更应该将这种精神传承下去。

厚妻薄母终遭报

在古代恩平县有一个名叫伦芬的人，他幼年丧父，母子俩相依为命，艰难度日。伦芬小时候家境虽然不好，但母亲从来没让他受过苦，家里有好吃的，母亲总是留给他吃，自己从不舍得吃。

周围邻居看到伦芬的母亲对他如此疼爱，常常教导小伦芬说："你母亲含辛茹苦地养育你，实属不易，你长大了以后可要好好孝顺她啊！"小伦芬每每听到周围的人这么说，都点头答应。

随着伦芬一天天地长大，母亲也越来越年迈，行动也日益困难。有一天，伦芬想出去闯荡一番，就将自己的想法告诉了母亲。母亲听后，说："男儿志在四方，你出去闯荡娘不阻拦，只是希望你日后不要忘了娘亲。"伦芬答应着告别了母亲，独自一人背着行囊就出了门。

伦芬来到了佛山，刚开始只是做一些小本生

意，由于他为人精明，所以没几年便在佛山打出了一片天地，发了大财。伦芬自己发达了，却忘了小时候周围人对他的教诲和临行前母亲的嘱咐。

发达以后的几年间，他拼命地赚钱积累财富，但是从来没有回过老家一次，仿佛世界上早已经没有了他的娘亲。后来，他就在佛山娶妻生子，不再回去了。

俗话说：儿行千里母担忧。伦芬的母亲看到自己的儿子一连几年都杳无音信，心里十分担心。于是，思儿心切的她就委托周围的人帮忙打听消息。

后来有人告诉伦芬的母亲："老太太，我曾在佛山见到过你儿子，听说他做生意发了大财，好像还在当地成了家。""既然我儿子事业有成，那他为什么这么多年

都不回来看看我？"老太太伤心地说。

周围邻居见状都安慰她："兴许是因为伦芬事业繁忙没时间，他小时候那么听话懂事，肯定会回来看你的。说不定到时候他还会骑着高头大马来接你嘞！"伦芬母亲听后，心里顿时开心了许多。但是，一等再等也不见伦芬回来，周围的邻居也不再说什么了。

有一次，伦芬的一位故友从家乡赶来佛山办事，伦芬在街上碰到了他，因此就顺便将这位朋友请回家中款待。一回到家中，伦芬就对自己的妻子嘘寒问暖，问自己的儿子饿不饿，想不想买什么东西。

朋友见到伦芬如此疼爱自己的妻儿，却将老母亲留在老家孤苦伶仃的，就劝他："伦芬啊！不是我说你，我看你对自己的妻儿照顾得可谓无微不至，但你可想过含辛茹苦将你养大的娘亲现在还在老家受苦呢？我听说你母亲由于想念你，整天以泪洗面，日渐消瘦。她老人家并不图你能给她什么荣华富贵，只希望你能常回家看望看望她。我记得小时候你经常向邻居发誓，说自己将来要好好孝敬母亲，可如今你……"

还未等朋友说完，伦芬就不耐烦地打断道："好了好了，别说了！她这不还活着的嘛！家里还有两亩田地，足够她自耕自食的，老年人吃穿用不了多少，根本用不着我照顾。"朋友还想再劝解一番，不料伦芬生气地说："我请你来是喝酒的，不是来听说教的，你若再提这事，就别怪我翻脸不认人了！"朋友见他如此，也就不再言语，只好苦笑着喝酒。

朋友告别伦芬后，摇头叹息道："唉，没想到这小子娶了媳妇忘了娘！父母是家

中的树根树干，妻儿是树枝树叶。一个儿子竟然不顾生养自己的老母，只知道疼爱妻儿，这跟毁了树根树干有什么区别呢？伦芬这个人还不听劝，像他这样的不孝子到最后肯定不会有好结果的。"

果然，不孝的伦芬最终遭到了报应，妻子早早地就去世离他而去，两个儿子长大后不仅没有出息，而且还像他一样没有任何孝心。等到伦芬年老时，他竟然被儿子赶出了家门，沦落街头以致冻饿而死。

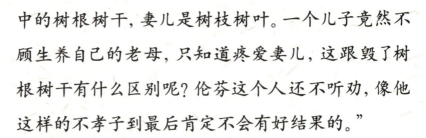

孝者说

故事中的伦芬小时候将孝顺挂在嘴边，长大后却将曾经的诺言抛在了脑后。自己成家立业了，却将年迈的老母亲一个人弃置在家，厚妻薄母，最终"忤逆还生忤逆儿"，遭了报应，沦落街头冻饿而死。所以，作为子女，我们一定要孝敬自己的父母，不孝的人不会有好的结果。

清风两袖朝天去，免得闾阎话短长。

——于谦《入京》

廉者，民之表也；贪者，民之贼也。

——[宋] 包拯

杨震暮夜却金

　　东汉时期，有一个清正廉洁的大臣，名字叫作杨震，他是著名隐士杨宝之子。杨震小时候一直跟随父亲学习，受益匪浅，后又博览群书，因而学富五车，才华洋溢。因为他的字为伯起，所以周围的人都尊称他为"关西孔子杨伯起"。

　　杨震虽然才华横溢，通晓典籍，但是早年间他一直隐居不仕，直到五十岁时才入朝为官。他为官清正无私，不畏权贵，深受百姓爱戴。杨震还善于举荐人才，有一次他担任荆州刺史，发现自己所管辖的区域内有一个名叫王密的书生，很有才华，是一个可造之材，因此就向朝廷举荐。朝廷对王密审

核后，也认为他可堪大用，就任命他为昌邑（今山东巨野县境）县令。

几年后，杨震奉命前往东莱去做太守。当时朝野之上渐渐形成了一种不正之风，就是每逢京城高官调任时，京城外的小官吏们常常会借机拦车奉承，希望以后自己能够得到提拔，而杨震对这种歪风邪气深恶痛绝。所以，他在离开京城时一直轻

车简从，低调前行，自己虽然在路上苦了些，不过这倒还真少了许多麻烦。

但是有一天下午，行车来到了昌邑境内，经过将近一天的舟车劳顿，人疲马乏，于是杨震打算随便找一个旅店休息一下。没想到刚一下车，迎面就走过来一个人，原来是昌邑县令王密。

只见王密对着杨震鞠躬行礼道："刚刚一荆州老乡告诉我，说恩师您今天要路过昌邑，我在此已经等了很长时间了，没想到您穿着那么俭朴，我差点儿没有认出来。"杨震回答说自己习惯了深居简出，不想打扰途中的各级官员，接着就询问王密这么着急拜见自己是不是有什么事情。

王密笑着回答说："我在此等候恩师，并不是要禀告什么急事，只是想报答您对我的知遇之恩。我已经在家里摆好了酒宴，恳请您到学生的家中一聚。"

杨震委婉拒绝了他的邀请，并说："既然你不是因为公事等我，那我就没必要去你的府上了。今晚我住在这旁边的客栈就行了，不用劳烦你了。"王密见其如此推诿，也就不再提邀请他入宴的事情了，而是帮着提携行李。

王密帮着安排好食宿后，便开始和杨震谈起往事，两人相谈甚欢，不知不觉间已经到了深夜。听到街上的打更声，王密知道时间不早了，是时候起身告辞了。但是，他起身后并没有立即离开，而是走到门口左顾右盼了一会儿，将门窗全部关上，又折身回来了。

杨震见他行为如此异常，正要问他想干什么，只见王密从怀里掏出一个包裹放在了桌子上。"这是什么？"杨震诧异地问道。

王密笑着说："恩师好不容易来昌邑一趟，下次再碰到您不知是何年何月，所以学生我准备了一点薄礼，恳请您笑纳，以报答您对我的栽培之恩。"

杨震听后，狐疑地

将包裹打开一看，发现里面全是闪闪发光的黄金，顿时就变了脸色，厉声说道："这种东西我不能要！当年举荐你为官是因为你具有真才实学，朝廷让你担任一方县令，那是对你的信任，希望你廉洁奉公，造福百姓。如今你这样做，这不是等于在我脸上抹黑吗？赶快把它拿走！"

王密见杨震不接受，小心翼翼地说："现在大半夜的，我刚才又关上了门窗，这件事不会有人知道的。没事儿，恩师您就放心收下吧！"

杨震没想到自己曾经举荐过的人竟会如此谄媚，霎时气得满脸通红，劈头盖脸对王密就是一顿责骂："举头三尺有神明，这件事天知、神知、你知、我知！怎么能说没人知道？退一万步来讲，身边没有其他人在，难不成你我的良心也不在了？"

杨震的一番话让王密顿时面红耳赤、羞愧难当，恨不得立即找个地缝钻进去。最后，他只好拿起桌子上的包裹灰溜溜地离开了。

杨震无论担任多大的官职，始终保持公正清廉，从不接受私人的请托和好处。他不仅对自己严格要求，而且还整肃家风，因此他的子孙们也大都秉承了清廉正直之风，在生活上也是勤俭有加。有一些朋友见状曾对杨震说："许多人当官不都是为了发财，给子孙留下一笔丰厚的财产，而你为什么不为你的子孙置办一些产业呢？"

杨震却回答："我为官清廉，别人到时候都会说他们是清官之后，这难道不比留给他们金钱财物更好吗？"朋友听后，纷纷称赞他为人高尚，不愧为"关西孔子杨伯起"。

廉者说 ……

杨震为官清廉，知道要"想人不知，除非己莫为"。王密在深夜向他赠送黄金，他严于律己，拒不接受。可以说，杨震暮夜却金的行为真正体现了什么是"廉"。生活中我们也要学习他的这种精神，做个清廉正直的人。

清廉若水的赵轨

赵轨是隋朝初期著名的大臣，他一生严于律己，清廉奉公，因此广受百姓的好评。少年时期，赵轨虽然生活清苦，却努力学习，有着很好的操行和才学。

隋高祖称帝后，赵轨被转到齐州（今山东济南）做官。在齐州任职期间，他扶助农桑，整顿吏治，使得当地百姓安居乐业。在任四年里，每次政绩考核，赵轨都名列前茅。

当时，赵轨的官职是齐州别驾，总理齐州事务，职权很大。可是即使是在这样一个众人眼中的"肥差"上任职，他也从未做过任何以权谋私的事情。

当时，赵轨家与东面的邻居只有一墙之隔，邻居家在院墙旁种下一棵粗壮的桑葚树，长得枝繁叶茂，早已越过了墙头。

有一年初夏，桑葚树像往年一样硕果累累，长势喜人。赵轨家的孩子们眼巴巴地望着院墙上的桑葚，垂涎欲滴，希望有一天自己能够尝尝鲜。

随着桑葚成熟的日子越来越近，孩子们的馋瘾也越来越大。有一天风雨大作，许多熟透了的桑葚就被雨打落在了赵轨家。雨停后，孩子们发现自家院落的地上有许多桑葚，一个个高兴得像小鸟一样，纷纷欢呼着上前去捡拾。

正在屋内看书的赵轨听到孩子们的欢呼声，就出来看看发生了什么事情。看到地上的桑葚，再看看孩子们的表情，赵轨明白了，可他仍然对孩子们说："你们将桑葚捡拾好后交给我，一颗也不许吃。"

孩子们听后不满地说："这是风雨吹落的，又不是我们偷摘的，况且还是在咱们自家的

院落里捡到的，为什么不能吃？"

赵轨见孩子们有点儿闹脾气，就语重心长地教导说："我不让你们吃，并不是图那些虚名。但是你们想一想，这桑葚原本是属于邻居的，他们辛辛苦苦等了一年才换来了这一树的果子。如今你们几个因为风雨打落就哄然抢食，不劳而获，这样好吗？不是自己的东西，一分一毫也不要拿。廉洁自律，在我，是为官的基本条件；在你们，也是安身立命的首要原则。你们如果想吃桑葚，跟我说，我们可以向邻居或者别人买，但是像你们这样做，肯定不对！"

孩子们听后，觉得父亲说的话很有道理。于是大家七手八脚地将桑葚全部捡拾起来并洗干净，按照父亲的要求悉数还给了邻居。周围的人知道这件事后，纷纷夸赞赵轨不仅为官清廉而且教子有方，他们一家"拾葚还邻"的故事更是在当地广为流传。

赵轨习惯在深夜读书，并且在读书时往往还会点一些熏香来帮助

自己醒脑提神。后来他的一位老朋友知道了，就特地赶来要送给他一斤沉香，并说："我知道你有夜读的习惯，所以特地给你送了一些沉香木过来。你来看看，不错吧！"即使在古代，沉香也十分的名贵，一般的世家子弟根本没有机会享用。

赵轨看着摆在面前的沉香，深知朋友这份礼物的贵重。他认为自己身为官员不应该享用如此昂贵的东西，普通的熏香对自己来说已经足够了，赵轨百般推却，朋友却一再坚持。

赵轨想了想说："你应该听说过我拾葚还邻的事情吧？朝廷规定官员不得随便接受私人的礼物，我连一颗小小的桑葚都要还给邻

居，你这么贵重的礼物我怎么能够收下呢？"朋友听后立刻明白了他的意思，笑着说："别人都说你清廉如水，果然如此啊！"于是，朋友只好把沉香又带了回去。

由于赵轨在齐州廉政爱民，政绩突出，持节使者就将他的事迹写成文书上奏给了朝廷。隋高祖了解后，很是赞许赵轨的清廉，于是下旨赏赐给他绸缎三百匹、米三百石，并且召他入京做官。

没过多久，皇命就下达到了赵轨的手里。离开齐州去京城任职的日子到了，当地的父老乡亲们纷纷走出家门，挥泪送别这位清廉的好官。

　　赵轨没想到竟然会有那么多人来给自己送行，心里很是激动，看着身后的百姓，他泪眼模糊地挥着手说："大家都回去吧！我赵某能够得到你们如此厚爱，此生无憾了。"说完，大家都情不自禁地哭了起来，场景十分感人。

　　这时，人群中慢慢走出一位老者，说："赵大人在齐州这几年，任何小事都不触犯百姓，廉政爱民，我知道您从不接受别人的私礼，因此不敢用酒来给你送别。您廉洁得像清水一样，那就让我代替大家伙给您斟上一杯水，为您饯行吧！"赵轨眼含泪水，接过那杯饱含深情的水，一饮而尽。

廉者说 ⋯⋯⋯

　　清廉如水，世上有多少人能够做到这样呢？而故事中的赵轨做到了，不论是拾葚还邻还是后来的婉拒沉香，无不体现了他为官清廉的品格。"廉"从来都不是靠嘴说出来的，而是通过生活中大大小小的事情表现出来的。

廉

吴隐之不惧贪泉

两晋时期，官场上腐败成风，在这种大环境下却有一位清廉之士闻名于世，他就是东晋时期的吴隐之。吴隐之自小志存高远，酷爱读书，年少时虽然家境贫寒，有时候甚至只能靠喝粥勉强度日，但是即使这样，他也从不接受外来之财。一家人凭借自己的双手劳动糊口，清贫但心安理得。

后来，吴隐之经人举荐做了官，为官之后他清廉自律，为百姓做了许多好事。当时岭南地区已经开始有人开发，特别是广州，由于依山靠海，所以经常会出产一些奇珍异宝。据说，在广州一小箱奇珍异宝，就够一家几代人的花销。

物产越丰富的地方，滋生的贪污腐败现象也往往越多。广州作为一个风水宝地，自然也不例外。前前后后，广州有好几任刺史由于贪赃枉法，都栽在了此地。朝廷也一直想根

除五岭以南的这个弊病，压一压这股贪腐之风，见吴隐之为官清廉，堪当此任，于是皇帝就下旨任命吴隐之为广州刺史，让他择日走马上任。

吴隐之接到朝廷任命之后，没过多久就带着家人奔赴岭南。有一天，马车走到离广州治所还有二十里的石门，听闻此处有一眼名为"贪泉"的泉水。于是，吴隐之停下来，想看一看这"贪泉"到底是何般模样。

周围有人见他们一行人不是本地人，就说："看你们几位像是新来的，我可告诉你们，这'贪泉'看似清凉可口，但是只要尝上一口，就会萌生无尽的贪念。"

吴隐之听后，疑惑地问："真的有那么神奇？"身旁有人见他不信，就补充道："当然了，听说上一任的广州刺史刚来时还很廉政爱民，可是有一年他误饮了这'贪泉'的水，结果没过多久就犯了贪污罪下大狱了。""对，没错，这泉水可沾染不得，谁喝谁倒霉。"围观的人你一言我一语地说起来。

吴隐之明白，一个人能否始终保持清廉，主要还是在于自己，将贪婪怪罪于"贪泉"纯粹是无稽之谈。于是他二话不说，径直走到那眼泉前，弯腰舀了一些泉水直接喝了下去。随后，他还放歌言志："古人云此水，一歃怀千金。试使夷齐饮，终当不易心。"这首诗的意思是说，古人称喝一口这贪泉的水，就会有想得到一千金的贪念。但是，如果是让伯夷叔齐这样真正的贤者来喝，他们的廉洁之心是不会变的。

众人直到此时才真正地明白，原来吴隐之不惧贪泉，他这是在饮泉明志，发誓要做一个清官。大家对于吴隐之的勇气和决心，都纷纷叫好称赞。但他真的能做到清廉如水吗？众人都拭目以待。

果然，吴隐之到任后，就大刀阔斧地整顿吏治，广州上下的官场之风瞬间变了一番景象。为了杜绝贪腐，吴隐之以身作则，甚至连他自己每日的饭菜也只是青菜和鱼干，以此来表达自己严禁奢侈之风的决心。

他还经常教育自己的家人和部下，不得打着官家的旗号中饱私囊，不得占公家的一点便宜。如若

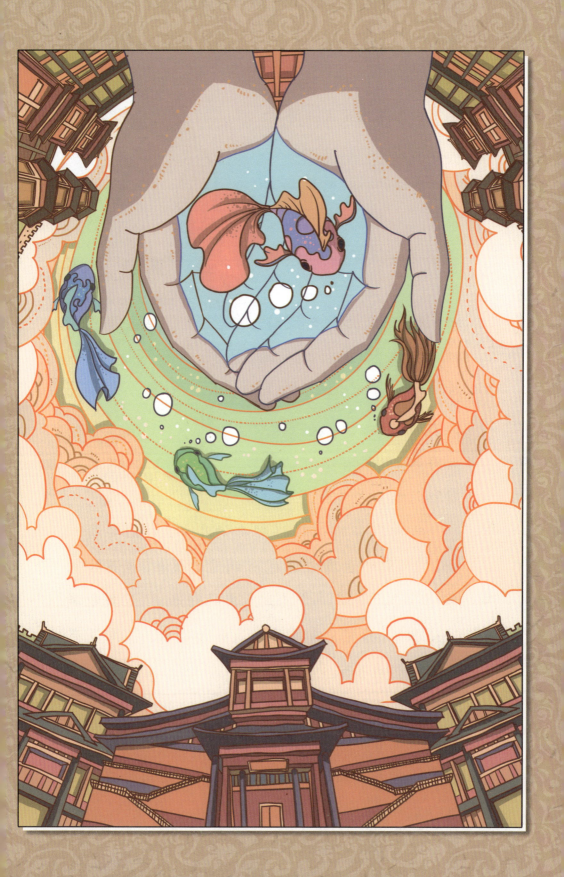

不听，后果自负，他绝对不会姑息任何一个人。

当时许多人看到吴隐之一开始那么有干劲，都说这只是"新官上任三把火"，认为他是在装样子，过不了多久就会像前面几任刺史一样，重蹈覆辙。可是，从到任的第一天起直至离任，吴隐之始终如一，没有任何贪图财物的非分之举。

吴隐之在广州担任刺史的几年，人们安居乐业，官员们的贪腐之风也有明显的改善，老百姓们都纷纷夸赞他是一个为国为民的好清官。等到他调任北归时，除了日常必需的简易行装外，根本没有什么贵重的东西。

临开船时，妻子偷偷地带了一斤沉香木，想回去后到集市上换些钱财以补贴家用。后来，吴隐之在船上发现了这沉香木，十分生气，问明原因后竟然将沉香投入了江中。

回到京城后，朝廷为了嘉奖他的功劳，打算送给他一些车和牛，并要给他修建住宅。吴隐之都坚决不接受，并说："清廉为官本是微臣的职责，不值得嘉奖。"

后来，吴隐之因政绩突出又被升迁为中领军。虽然职位越来越高，但是他廉洁勤俭之风依然不改，并将自己所得的俸禄只留下很少的一部分，其余的全部都分给了生活困难的亲友。直到现在，吴隐之清廉为官的故事还在广为流传。

廉者说 ······

　　故事中的吴隐之之所以敢于饮贪泉之水，这是出于对自己廉洁奉公的自信。当然，他也是说到做到，清廉自律，为其他官员们做了一个表率。吴隐之即使在自己生活清苦的情况下，也不忘廉洁奉公，不贪私财，实属难得。他这种保持廉洁的精神不仅值得我们称赞，更值得我们学习。

胡威偿绢不受惠

胡威是三国时期魏国人，少年时就自勉立志向上。他的父亲胡质虽然在朝为官，但由于为官清廉，所以家中生活很是清贫。即使如此，父子俩做人做事依然廉洁自重。

有一年，胡质在荆州担任刺史，由于政务繁忙，已经很久没有跟家人联系了。在京城居住的胡威很是想念父亲，就决定前去荆州看望。当时由于家境不富裕，没有车马随从，胡威只好独自一人骑着毛驴前往荆州。

因为路途遥远，胡威身上又没有多少盘缠，所以他只好能省就省，一切将就着。每次到旅店，他都是亲自给驴喂食，然后自己劈柴做饭，从不雇用别人。吃完饭后，稍作休息又接着上路，就这样日

夜兼程花了很多天的工夫才来到了目的地。

父亲胡质见儿子前来探望自己，心里十分高兴，就让他多住些时日。就这样父子俩相聚了十余日，胡威见父亲身体安康也就放心了，打算告辞回家。

临别时，胡质怕儿子身上带的盘缠不够，就送给他一匹绢布（当时的绢布可以充当货币使用），并说："儿啊，为父的这匹绢布就权当你的行装吧！路费不够的时候，也好应个急。"

胡威看着眼前的细绢，心中十分诧异，连忙问道："父亲一向廉洁奉公，咱们家生活又十分拮据，这匹绢布您是从哪里得到的？"胡质听后，明白儿子的心思，哈哈大笑道："不用担心，这不是贿品赃物。为父经常教导你要清廉爱民，自己岂能去做那贪官污吏的勾当。这匹绢布是我省吃俭用从俸禄中节省出来的，你放心，每一丝每一线都来得清清白白。"胡威听到父亲这

么说，才伸手接过绢布，然后作揖告辞。

虽说父亲在胡威临走时给了他一匹绢布，可是胡威依然骑着自己的小毛驴，像来时一样节俭。

一天，胡威骑着毛驴正慢悠悠地走在归途中，忽然看到前面路旁有一个人在向他挥手示意。胡威连忙赶到那人的面前，询问他向自己招手的原因，只见那人恭敬地说："我是一个赶路的商人，走了半天了，现在口干舌燥的，身上带的水已经喝完了，所以向你招手想讨要点水解解渴。"胡威见此人彬彬有礼，很乐意帮助他，再加上自己也走了很长的路，于是就打算休息一下。

休息时，两人不免闲谈了一会儿，"商人"得知

廉

胡威也是赶往京都，就说："既然贤弟跟我都是去往京城，不如咱俩同行，顺便在路上也好有个照应。"胡威听后想了想，说："也好！身边多个人，路上也不会那么寂寞了。"于是，胡威在回家的路上就多了个同伴。

归程之中，"商人"不仅跟胡威有说有笑，而且为人十分慷慨大方，每次到了一家旅店，都对胡威百般照顾，有时候还主动抢着付账。

同行了几日，胡威心里对这位萍水相逢的"商人"越来越感到纳闷。他认为此人看似谦让有礼，但是对自己多少有些过分殷勤，完全不像一个商人所为，更有点像官场上的逢迎之人。

又过了几日，胡威对他的身份越发怀疑了。在一次晚饭过后，胡威专门找"商人"谈话，经过再三询问，"商人"终于说出了实情。

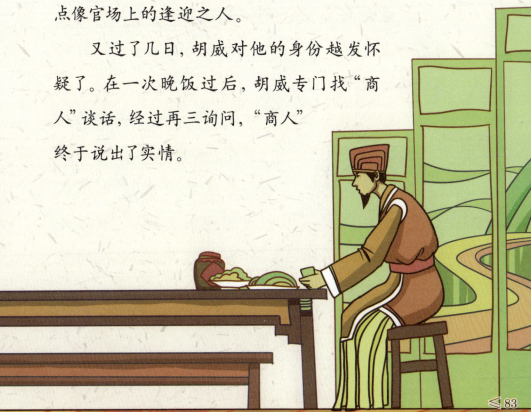

原来，这个"商人"的真实身份是胡威父亲手下的一个都督。这个都督一心想升官发财，因此才有意巴结讨好胡威的父亲。但是胡质为人正派清廉，平生最厌恶阿谀奉承之人，所以他一直找不到机会献殷勤。

这次得知胡质的儿子是独自一人返回京城，都督认为自己逢迎的机会终于来了，于是在胡威告辞前他故意请假回家，然后暗地里准备行囊和钱财等候在百里之外。所以，这也就不难理解他为什么会对胡威百般照顾了。

胡威得知真相后，什么话也没说，立即转身从自己的行囊中拿出父亲交给他的绢布，送到都督的面前请他收下。

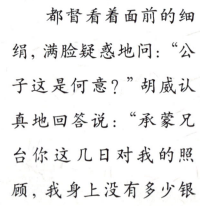

都督看着面前的细绢，满脸疑惑地问："公子这是何意？"胡威认真地回答说："承蒙兄台你这几日对我的照顾，我身上没有多少银

两，就用这匹绢布来偿还你的花销和恩情吧！"都督没想到胡威如此较真，坚持不收。

胡威见对方推脱不收，就正襟危坐，然后说道："你也知道我父亲的为人，他为官清正，从不接受别人的馈赠。我身为他的儿子，岂能仗着他的权势去占别人的便宜？如果我接受你的恩惠，这不等于当众打我父亲的脸吗？"

都督看到胡威也是一个刚正不阿的人，感慨地说："真是虎父无犬子啊！父亲清廉，儿子也是如此，惭愧啊惭愧！"然后，他尴尬地拿起那匹绢布，向胡威告辞，转身离开了。

廉者说 ⋯⋯⋯

　　故事中的胡威虽然家贫，但是他安贫乐道，得知同行的"商人"是在借机逢迎自己，坚决不受恩惠，将细绢送与他作为补偿。胡威父子如此廉洁自重，实在令人敬佩。我们也要明白，金钱再好也是身外之物，金钱有价人格却无价，廉洁自律是一个无价之宝，希望每个人都能守护好。

贪得无厌的羊舌鲋

　　春秋时期，晋国贵族中有一个名为羊舌鲋的人，他是当时声名显赫的"羊舌四族"之一。羊舌鲋凭借先祖的功勋和自己的逢迎，在晋国谋求了很高的职位。但是，由于他在任职期间贪赃枉法，劣迹昭彰，最后成为我国有史以来第一个有文字记载的大贪官，可以说是贪官污吏们的"开山鼻祖"。

　　羊舌鲋出生在一个贵族家庭中，由于从小娇生惯养，沾染了不少贵族阶级特有的嚣张跋扈的习气。自从入朝为官后，羊舌鲋为人贪婪的本性便慢慢开始暴露出来。

　　身为一方官员，他每天想的并不是怎样

造福当地百姓，而是绞尽脑汁地谋划如何搜刮民脂民膏，将大大小小的钱财全都塞进自己的腰包。

朝堂上的很多官员对他的行为早已深恶痛绝，但是惧于"羊舌四族"的权势，只能是睁一只眼闭一只眼。

有一年，晋国的国君为了彰显国威，炫耀自己的霸权，决定在平丘（今河南封丘）与天下各诸侯国会盟。同年七月，任命羊舌鲋为掌管军权的代理司马，让他训练军队。

羊舌鲋接到任命后，欢喜得差点儿跳起来，其他大臣们明白，这个"瘟神"又要祸害百姓了。果然，羊舌

鲋奉君命带领着大军浩浩荡荡地奔往训练地。行军途中经过卫国时，羊舌鲋认为自己现在手里有兵权了，可得趁此机会好好地捞上一把。于是，他让人通知卫国的国君说自己带领着军队途经此地，想要让他送一些礼品以表达诚意。

卫国国君认为羊舌鲋是晋国人，途经卫国竟然还要背着自己的君王收取钱财，这要求也太无礼了，所以并没有理睬他。

羊舌鲋见卫国国君竟然对自己不闻不问，恼羞成怒，便将军队驻扎在卫国境内，还打着喂养战马的旗号，纵容自己的士兵们四处作乱。

晋国在当时已经是一方霸主，而卫国只是一个小国，经不起羊舌鲋这样折腾。于是，卫国的国君只好忍气吞声地请人带着一箱精美的绸缎送给他，羊舌鲋看到东西到手这才罢休。

离开卫国后，羊舌鲋又故伎重演，将周围弱小的诸侯国全都勒索了个遍。等训练结束后，他可谓搜刮无数，满载而归。当然，满载而归的也包括他那臭名昭著的恶名。

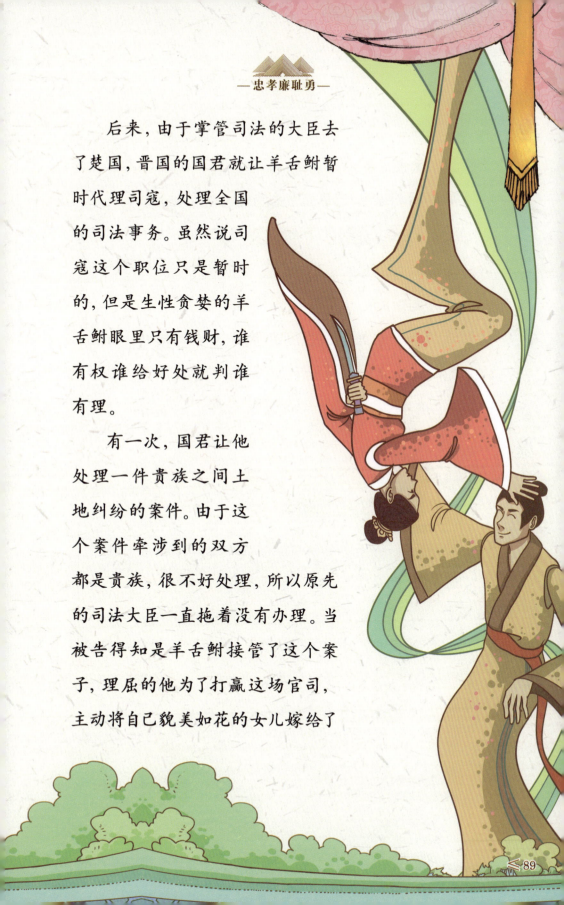

后来，由于掌管司法的大臣去了楚国，晋国的国君就让羊舌鲋暂时代理司寇，处理全国的司法事务。虽然说司寇这个职位只是暂时的，但是生性贪婪的羊舌鲋眼里只有钱财，谁有权谁给好处就判谁有理。

有一次，国君让他处理一件贵族之间土地纠纷的案件。由于这个案件牵涉到的双方都是贵族，很不好处理，所以原先的司法大臣一直拖着没有办理。当被告得知是羊舌鲋接管了这个案子，理屈的他为了打赢这场官司，主动将自己貌美如花的女儿嫁给了羊舌鲋。

于是，羊舌鲋不问是非曲直，甚至都不当面审理就宣判被告无罪，原告有罪。原告也是一个很有权势的人，看到羊舌鲋身为国家的执法大夫，不仅卖法纵贪，还执意错判，身为原告却被判了罪。于是一怒之下，拔刀就将羊舌鲋和被告给杀了。

羊舌鲋死后，并没有获得大家的同情，群臣们反而口诛笔伐，最后他还被作为贪官典型写进了史书，遗臭万年。

廉者说

历史是无情的，但有时候也是公正的。故事中的羊舌鲋贪污受贿，祸害百姓，将国家给予他的权力用来搜刮民脂民膏，最后激起民愤，落得个身首异处、遭人唾骂的下场。羊舌鲋的悲惨结果可以说是咎由自取，我们要引以为戒，因为贪得无厌的人是不会有好下场的。

廉

耻

人不可以无耻。无耻之耻，无耻矣。

——《孟子·尽心章句上》

闻过而终礼，知耻而后勇。

——《礼记·中庸》

苏秦苦读以雪耻

春秋战国时期，各诸侯国之间除了刀剑相向，更多的还有智谋上的较量。由于各国对谋士有大量的需求，所以就催生了许多学术派别，史称"诸子百家"。百家之中有一派门人弟子虽不多，却在历史的长河中不断泛起涟漪，留下深深印记，它就是鬼谷派。

鬼谷派以纵横捭(bǎi)阖(hé)之术闻名于天下；出自该门下的纵横家往往是一怒而诸侯惧，安居则天下熄。苏秦就是这为数不多的鬼谷派弟子中的一员，他的事迹同那个时代一样，都被写进了历史。

苏秦是战国时期洛阳人，家里的族人跟其他普通人相比没什么特别之处，都是靠种地为生。好在苏秦人穷志不短，他十分想在这大争之世成就一

番伟业，于是早年间就辞别亲人，去各地游学。当他游学到齐国时，幸运地遇到鬼谷子并拜在他的门下。几年后，学有所成，苏秦自认为是时候出去大展宏图了。

可是刚出山不久，残酷的现实就给摩拳擦掌的苏秦浇了一盆冷水。游历数国，他这"千里马"却始终没能遇上伯乐，竟没有一个君主赏识他。

有一次他费尽千辛万苦才见到秦王一面，结果秦王对他的主张连看都没看一眼，就草草地将他打发了出去。几经辗转，身上仅有的钱财全花光了，甚至连身上那唯一的一件大衣也破烂不堪，无钱更换。心灰意冷的苏秦没有办法，只得离开秦国返回家乡。

都说家是一个人最后的港湾，但是苏秦这次返回的港湾却并不温暖。家里守门人看到他浑身上下破乱不堪，后面背个烂书箱，人又黑又瘦，就没有理他。苏秦进屋想看一看久未见面的妻子，可是妻子见他回来了也是一声不吭，继续织自己的布；嫂子见他回来了，对他也是冷嘲热讽，说他游学多年还是一事无成；拜见父母，父母也是板着脸不理他。

　　忍饥挨饿走了那么远的路回到家，却没想到自己这么不受待见，苏秦叹息道："游学数载，却未谋得一官半职。如今妻子不理，嫂子不见，就连父母也不待见我，这都怪我自己无能啊！"

　　周围邻居得知苏秦回来了，对他也是挖苦嘲笑，有一个邻居对他说："苏秦你出去那么多年，如今回来却跟个乞丐似的，我看你书全都读到肚子里去了吧！"说完，周围的人也跟着起哄大笑。

　　苏秦见状羞愧得满脸通红，转身就逃回了家中。后来，周围有人就劝他说："咱们都是普通人家，没有做大官的命，我看你还是好好在家安心种地吧。在这乱世之中，能够有口饭吃就知足了，不要做白日梦老想着成为什么王侯将相的事情。"

　　苏秦听后回答："我求学多年，在外不被重视，回到家里又被邻居们嘲笑。虽然自认为学有所成，但却无用武之地，我现在都觉得愧对'读书人'这几个字，更觉得对不起我的师傅！你不要再说了，其他人再怎么羞辱我、嘲笑我，都无所谓。我会证明给他们看，我苏秦是要做大事的人。"

　　自此以后，苏秦就大门不出二门不迈，将自己关在房间里潜心苦读。每天都读书直到半夜三更也不停，一旦有所困倦了，他就拿起锥子扎一下自己的大腿。凭借着这样的毅力，苏秦最终将师傅所教的知识融会贯通，烂熟于心。

一年之后，潜心钻研的苏秦已不同于往昔，对天下形势了然于胸。他认为自己的合纵连横之术，已经足够他游说各国君王了，于是苏秦再次走出家门准备出去闯荡一番。

大家见他又要出门游历，都嘲笑讥讽说："苏夫子，终于要出门种地了？你们读书人跟我们这些粗人就是不一样，下地干活都不用带农具，大家快来看看！"同上次一样，周围的人又将苏秦奚落了一番，说他不务正业，又要出门瞎混了。苏秦对此一概不理，头

也不回地就离开了家乡。

这次苏秦首先来到了燕国，经过一番游说，燕王认为他的话很有道理，就说："先生若真能以合纵之计保我燕国安定，我愿举国相报。"于是燕王资助了苏秦大量的钱财。然后，苏秦又相继游说了赵、韩、魏、齐、楚其他五国，向他们阐明自己的合纵之术，提出联合六国，共抑强秦。

结果，燕、赵、韩、魏、齐、楚六国结成同盟，成功合纵，共同抗秦。苏秦也因此被推举为从约长（合纵联盟的总领导），并且挂六国相印，同时担任六个诸侯国的相国。

苏秦为六国丞相的消息不胫而走，天下为之震惊。当他荣归故里时，乡亲们都跑到几十里之外的郊野去欢迎他，那些曾经嘲笑他的人纷纷卑躬屈膝地跪倒在地，说自己有眼无珠。他的家人也都趴在地上，不敢仰视他。

苏秦感慨地说："我早就说过我是要做大事的人，倘若我听你们的话只守着家里的那两块薄田，能有今天吗？"

当然，苏秦不是那种自己做了高官就耀武扬威的人，他自己功成名就，一雪前耻后，依然不忘广散金银，惠及自己的亲戚和朋友。

耻者说••••••

　　故事中的苏秦刚开始时在外遭受挫折，回到家后，被家人看不起，周围的人又都嘲笑他，苏秦自己也感到耻辱。但是俗话说：君子知耻而后勇。苏秦遭受挫折后并没有一蹶不振，而是发奋苦读，最后终成大才，挂六国相印，让人刮目相看。所以，我们不仅要有知耻之心，更要有雪耻的决心。

蛰伏雪耻的范雎(jū)

  范雎是战国时期魏国人，为人爱憎分明，很有才干。早年间他像其他士子一样周游列国，希望有君主能够接受自己的主张而有所作为，结果几年过后还是无功而返。

  回到自己的国家后，他本打算去魏王那里谋个一官半职，但由于出身贫寒，没有多少人脉，胸怀大志的他只得委身在魏国中大夫须贾家中，做一个小小的门客。

  有一年，魏王派须贾出使齐国，范雎身为门客也跟着一同前往。他们在齐国逗留了数月，依然一无所获。有一次在朝堂之上，齐王将须贾质问得无言以对，场面十分尴尬，这时范雎挺身而出替主人解了围并维护了魏国的尊严。

  齐王见一个小小的魏使门客竟然有如此辩才，因此十分敬重他，就对范雎说："先生有如此大才，

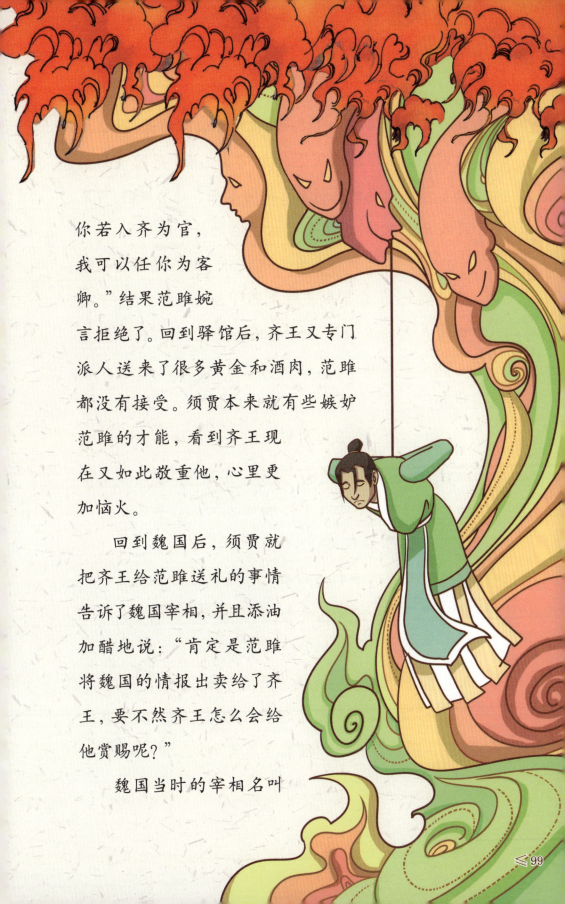

你若入齐为官，我可以任你为客卿。"结果范雎婉言拒绝了。回到驿馆后，齐王又专门派人送来了很多黄金和酒肉，范雎都没有接受。须贾本来就有些嫉妒范雎的才能，看到齐王现在又如此敬重他，心里更加恼火。

回到魏国后，须贾就把齐王给范雎送礼的事情告诉了魏国宰相，并且添油加醋地说："肯定是范雎将魏国的情报出卖给了齐王，要不然齐王怎么会给他赏赐呢？"

魏国当时的宰相名叫

魏齐，是魏国的公子之一。他听了须贾的话，什么也没说，就立即让人将范雎捆绑了过来。范雎看到丞相不问青红皂白地将自己捆绑起来，赶紧辩解。可是还没来得及张口，嘴巴就被左右的侍卫给堵上了。

魏齐本来就有些看不起范雎，现在看到堵上嘴巴的他还在支支吾吾地说着什么，越发生气，于是吩咐左右的人说："打！给我狠狠地打！我早就看这小子不顺眼了，长得獐头鼠目的，竟然还敢私通齐国。"

紧接着，板子和荆条就像下雨一样噼里啪啦地落在了范雎的身上，打得他肋骨都断了好几根。魏齐在旁边看着，还时不时哈哈大笑。范雎觉得丞相这是要往死里打他，只得装死保命。

旁边的打手打着打着突然发现范雎没了动静，就拔下嘴塞，试了试鼻息，然后禀告魏齐说此人已经没了气息，被打死了。"死了？！死了就把他扔到厕所里。"魏齐说完，看也不看就进屋喝酒去了。

魏齐和宾客们畅饮之后，醉醺醺地一块来茅厕方便，见里面有一个被席子卷盖的人，就询问看守

茅厕的人怎么回事。看守回答："这是刚才您让扔进厕所里的人。""原来是范雎啊！"魏齐边说边向范雎身上撒尿，并且还让跟他一起来的宾客轮番羞辱范雎，此后，一行人才说笑着扬长而去。

看守见到范雎这样被羞辱，不禁叹息道："这个人真是惨啊！死了之后还遭人这样侮辱。"说完之后，没想到席子下面隐隐约约有呻吟声，奄奄一息的范雎低语道："救我！先生如若救我，日后定当重谢！"

看守见人没死，便有意帮他："别出声，我会帮你出去的。"于是看守去请示魏齐："厕所里的那个人反正已死，不如把他扔了算了，在那里放着也是碍事。"

魏齐当时已经喝得大醉，就随口答应了。接着，看守趁此机会拉着车连同席子一起将范雎送了出去。没过多久，魏齐就后悔了，慌忙派人去寻找范雎的"尸体"，结果当然没有找到。

后来九死一生的范雎逃到了秦国，在秦国隐姓埋名称自己为张禄。

耻

在秦国的几年间，他帮秦昭王对内加强王权，对外采取远交近攻的战略，使得秦国的土地和人口大大增加，因此深受秦王信任。最后，秦王拜他为相。

范雎当上丞相后，秦国人依然称他为张禄，而魏国对此毫不知情，以为范雎早就死了。其实，自从范雎逃出魏国的那一天起，他无时无刻都没有忘记自己在魏齐家里所受的耻辱，发誓一定要报仇雪恨。

有一年，魏王得知秦国将要攻打自己的消息，因为秦强魏弱，所以就赶紧派须贾为使者出使秦国求和。须贾没想到秦国的丞相张禄竟然就是自己曾经诬陷过的范雎，他见到范雎后跪在地上拼命地求饶。

范雎没有杀他，而是说："你回去告诉魏王，想要求和就把魏齐的脑袋给我送过来，否则就等着秦军血洗魏国的都城吧！"

须贾回到魏国后，将秦国丞相的话告诉了魏齐，魏齐听后吓得六神无主，只得逃跑。最后走投无路，只好自杀了，范雎也算报了仇、雪了耻。

耻者说

　　故事中的范雎在受尽魏齐的侮辱后，装死躲过一劫。他明白君子报仇十年不晚，然后隐姓埋名在秦国蛰伏数载，最后成为秦国丞相并逼死了魏齐，得以雪耻和报仇。我们虽不提倡范雎睚眦必报的行为，但是他那种发奋雪耻的精神还是值得我们学习的。

司马懿(yì)受辱坚守城

　　三国后期，曹魏的势力最为雄厚，而蜀国相对最弱。诸葛亮为了完成先主刘备复兴汉室的遗愿，就联合东吴，数次北伐中原，攻打曹魏。魏国在诸葛亮的攻打下，损兵折将，眼看大军就要逼近都城长安，危急之时就派司马懿为大将军前去御敌。

　　司马懿和诸葛亮一样，也是三国时期著名的政治家和战略家。他在曹操当政时就已经崭露头角，但是未被重用。

　　曹操去世以后，司马懿在魏国也是起起落落。由于曹氏家族对他很忌惮，每逢魏国有危机时他就会被重用，危机过后他又被晾在一旁。这次是诸葛亮第五次北伐，也是准备得最充分的一次。司马懿在接到命令后，率领着大军浩浩荡荡地出发了。

　　诸葛亮谋略过人，神机妙算，用兵如神，但是司马懿也不是等闲之辈，他先后几次猜中了诸葛亮的用兵意图，使得蜀军的几次奇袭都没能成功。蜀军没有办法，只好驻扎在渭水旁边，准备伺机而动。一个月后，由于雨季到来，渭水暴涨，蜀军一下子就被分割开来。司马懿认为这是天赐良机，赶紧命令将士们袭击隔离在大军之外的孟琰军队。

司马懿万万没有想到，孟琰所率领的蜀军正是由骁勇善战的南中少数民族组成的无当飞军，人数虽然不多，但是战斗力非常强，所以魏军一点便宜也没占到。同时，蜀军的其他军队也没有闲着，大量的"工程兵"正火急火燎地伐木造桥，没过多久简单的攻防桥梁就搭建好了。

司马懿在攻打孟琰时没有捞到好处，这边蜀军的大部队又已经造好了攻防桥梁。等魏军预感不妙时，蜀军大部队已经准备好登桥放箭了。霎时间，万箭齐发，箭如雨下，魏军顿时伤亡惨重。魏军偷鸡不成反蚀把米，司马懿眼见局势对己不利，赶紧鸣金收兵，撤回了城里。

诸葛亮见蜀军大胜，想要乘胜追击，和敌军一决胜负。司马懿深知诸葛亮善用奇谋，出城迎战自己肯定不是他的对手，因此他就待在城内坚守不出去。

就这样，任凭蜀军每日在城门口"叫阵"，司马懿总是"挂免战牌"，坚决守城不战。诸葛亮明白，蜀军由于粮草供应不足，这样耗下去可不是个办法，得想一个计策将魏军引出城来。

有一天，司马懿正在和军中将领们商量对策，忽然有人传报说蜀军派人送东西给大将军。司马懿让人把东西呈上来，亲自当众打开，发现里面只有几件女人的衣服和诸葛亮的一封亲笔信。信中讽刺司马懿和魏军将领们胆小懦弱，整日只知道龟缩在城内，不敢出来迎战。还说魏军将领们如此胆小怕事，简直就像一群妇女在领兵打仗，所以特地派人送来几件精美的女装，希望大将军笑纳。

在当时，给一个大男人送女装是对他莫大的侮辱，魏军的将领们哪能受得了这种耻辱，纷纷嚷着

要出城去杀了诸葛亮。司马懿见诸葛亮如此羞辱自己，气得火冒三丈，但是转念一想就明白了这是敌方的激将法，现在出城迎战肯定会中计。可是全军上下都已经被激怒，如果还坚持守城不出的话，可能会引起将士们的不满，继而兵变。

情急之下，司马懿想出一计，转身对将领们说："诸葛孔明如此羞辱我们，是可忍孰不可忍，我也想杀了那个老匹夫。但是我来之前陛下一再嘱咐要求坚守，出兵的话我还得请示一下陛下。"于是当众写下一份请战书送往都城。

远在都城的曹睿一看请战书就立刻明白了司马懿的用意，便下令不许出兵。有了这个批令，司马懿故意叹息道："陛下下令不准出兵，我也没有办法啊！"所以，魏军还是按司马懿先前的计策，守城不出。

魏军的将领们看到批令后，一个个闷闷不乐，但也是无可奈何。司马懿的儿子也气得去找父亲要说法："诸葛亮如此侮辱你和众将士，还给我们送来女人的衣服，这种耻辱我都受不了，难道父亲就

咽得下这口恶气?"

司马懿见儿子情绪如此激动,就呵斥道:"别人笨,看不出来,你还看不出来吗?亏你还是我的儿子,真是蠢到家了!我和诸葛亮交战数次,深知他的为人,现在我军实力不如蜀军,出城大战定是死路一条。现在他这般羞辱于我,就是想逼我出城迎战。我也知道羞耻,但是知耻不是鲁莽。"司马懿的儿子听了父亲的这一番话,也就不再言语了。

果然,诸葛亮见无论怎样挑衅司马懿,他都不出城迎战,最后没有办法只好撤军了。

耻者说……

　　故事中的司马懿知道自己不敌诸葛亮,所以坚持守城拒不出战。自己虽蒙受耻辱,但是却保全了军队,守住了城池。一个人知耻固然可贵,但是更重要的是知道耻辱后保持理性。生活中我们不仅要懂得知耻,更应该学会保持冷静理性,不能鲁莽行事。

浪子回头的皇甫谧(mì)

　　提起我国历史上著名的医学大家，很多人都会立即想到扁鹊和华佗。其实，还有一个人在医学史上也是大名鼎鼎，他就是西晋时期的皇甫谧。皇甫谧是我国著名的学者、史学家和医学家，他在针灸学方面颇有建树，著有《针灸甲乙经》，被誉为"针灸鼻祖"。

　　皇甫谧的曾祖父曾经在镇压黄巾起义时立有大功，因此皇甫家族得以发达昌盛。可惜后来皇甫氏族由于经营不善，开始慢慢没落，等到了皇甫谧这一辈，家境已经衰落得毫无名门望族之象了。

　　皇甫谧出生后不久母亲就去世了，父亲见他年幼而自己又没时间照顾，就只好将其过继给了自己的弟弟。也就是说，皇甫谧从小就生活在叔父的家里。虽然他很早就失去了母亲，但是并不代表他得不到母爱，叔母见他伶俐可爱，一直对他视如己出。

　　当时西晋王朝动荡不安，战乱不断，皇甫谧就是在这样的环境下度过了自己的童年。皇甫谧虽然聪明伶俐，但是生性顽劣，贪玩而不知上进。小时候经常跟村里的同龄人打架，由于皇甫谧相对于同龄人长得比较高大，所以他经常欺负周围的小伙伴，俨然是村里的"小霸王"，村里的同龄人没有不怕他的。

　　有一次，皇甫谧的一个朋友与另一个人发生了矛盾，本来没有什么大不了的，甚至朋友也没打算要怎么样，但是皇甫谧为了所谓的"哥们义气"却大打出手，一直将人家追打到家门前才肯收手。临走时看到人家家门前有一棵枣树，他就把树皮剥下来一大块以示警告，导致这棵枣树枯萎死亡了。总之，小小年纪的皇甫谧就不走正道，经常是猫道里来狗道里去，歪点子特别

多。叔父叔母为此没少批评他,但是皇甫谧依然我行我素,不知悔改。

转眼间,曾经的"问题少年"已经长大成人,皇甫谧已经二十岁了。叔父叔母本以为他,应该懂事了,可是他依然整日游手好闲,不求上进。

村里的人看到皇甫谧这样不学无术,整天一副"痞子样",纷纷认为他是个痴呆子。

一日,"小霸王"皇甫谧在外又闯了祸,他耷拉着头回家,走到大门前时,心想:"现在回家,肯定又少不了叔父的一顿臭骂。"于是,他又转身走开了。

皇甫谧一个人在村子里闲逛,东瞅瞅,西看

看，最后不知从哪里弄来了一些水果。"有了这些水果就好办了，我把它送给叔母，叔母一高兴肯定不会再责怪我了。"皇甫谧边走边自言自语道。

回到了家，发现一向严厉的叔父不在，皇甫谧心中不免窃喜，心想这下不用再挨骂了。可是他还没来得及高兴多久，就发现叔母早就盯着自己了。"叔母?！你看，我给你带什么回来了？"皇甫谧尴尬地笑着将水果呈现在叔母的面前。

没想到叔母对水果看都不看，就让他放在桌子上。皇甫谧本以为接下来便是叔母的唠叨了，结果这次叔母却意外的平静，仅仅对他说："你先去祠堂等着，我有话跟你说。"

皇甫谧心里想，这顿责骂看来是逃不掉了。没想到来到祠堂后，叔母并没有对他有任何的责骂，而是语重心长地说："静儿（皇甫谧的小名），如今你已经二十有余，却仍整日顽劣，不学无术，今后怎样在这世上安身立命啊？我知道你有孝敬之心，但是我在乎的不是你那一篮瓜果。现在你不知勤学发奋，无法真正地成才立本，我今后哪有脸面去见你那早逝的亲娘啊！"说完，叔母便痛哭起来。

皇甫谧见此情景，不禁为自己往日的种种行为感到羞愧。叔母接着哭诉道："昔日孟母三迁以教诲儿子仁义之道，曾子杀猪而教儿子守信之理。你如今都那么大年纪了，为什么还不知上进呢？难道是因为周围的邻居行为不端带坏了你？还是我在教育上有所欠缺？修养身性，专心学习，最后获益的还是你自己，你叔父和我整天苦口婆心地劝你，又不图你什么。"

叔母的一句句话仿佛是一根根针刺进了皇甫谧的心里。皇甫谧跪在祠堂里，悔恨交加，认为自己辜负家人，辜负了死去的母亲。

经过叔母的一番教诲，皇甫谧幡然醒悟，他明白自己不能再这样堕落下去了，否则对自己对家人都无法交代。于是皇甫谧洗心革面，拜同乡的席坦为老师，勤学不倦。家里面光景不好，他也开始帮忙干农活，并且在干活休息时还不忘带着书籍学习。

就这样，浪子回头的皇甫谧经过发愤图强，最后终成一名令人敬仰的大家。

耻者说······

俗话说：浪子回头金不换。故事中的皇甫谧早年不务正业，游手好闲，被村里的人看作是痴呆子。后来听从了叔母的教诲，对自己以前的行为感到羞耻，进而发奋学习，最后终成大家。生活中，是人都有可能犯错误，关键是犯错后要对以前的错行有羞耻之心，知错能改方能成大材。

恬不知耻的秦桧

北宋末年，宋朝国力衰弱，屡遭北方金国的侵扰。我国著名的大奸臣秦桧就是在这个时期登上了历史舞台。他出生在一个地主家庭，父亲曾经在当地做过一个小官，可以说早年间秦桧的家境并不太差。秦桧长大后，刚开始在一个私塾里靠教书为生，但是他一心向往荣华富贵，对现状很不满意。于是，他多次参加科举考试，最后终于考中进士，步入仕途。

靖康元年，金军大举攻宋，最后北宋都城汴京（今河南开封）被攻破。当时许多大臣和皇帝宋徽宗一块被俘虏去了金军大营，秦桧身为宋臣，也在其中。第二年，宋徽宗的另一个儿子赵构在南方称帝建立了南宋，赵氏王朝得以苟延残喘。

后来，金军将俘虏的宋臣和宋徽宗押往北方，到达北方后，其他大臣们面对金朝的威逼利诱都守节不屈，唯独秦桧一人见风使舵，奴颜婢膝。金国贵族们见其摇尾乞怜，是一个好奴才，就偶尔赏给他一些残羹冷炙，相对来说，他的待遇比其他宋臣好很多。其他大臣见秦桧卖国求荣，纷纷指责他，而秦桧不知羞耻反以为荣，还为自己得到金国的好处而沾沾自喜。

　　秦桧在金国舒舒服服地当了几年"降臣"，后来他打算回归南宋去享受荣华富贵，就请求金国当权者放自己回归宋朝，并承诺回朝之后绝对不与金国为敌。金国同意了他的请求，并派人护送他回去。最后，秦桧就带领着自己的一家老小，从水路回到了行都临安（今浙江杭州）。

　　南宋当朝者看到秦桧安然无恙地归来，便问他是怎样回来的，秦桧竟然恬不知耻地说："我假装顺从金军，于是他们对我就放

松了警惕。然后趁他们不注意，我杀死了监视我的金兵，抢了条小船逃了回来。"

在场的大臣们听后，大多数都半信半疑。南宋的皇帝赵构问他："当今朝廷面临外族入侵，你有什么方略？"秦桧就说："如想天下无事，应该采取南北分治的策略，即与金国议和。"

赵构是一个胆小怕事的皇帝，秦桧的方略很合他意，就提拔赏赐了秦桧。

当时南宋虽然建立，但是很多人还是思念故土，一心想赶走金兵。所以南宋朝堂之上依然有许多主战大臣，其中包括精忠报国的抗金英雄岳飞。

岳飞带领着众多将士在前线浴血奋战，重挫金军，以至金军一听说对战的是鼎鼎大名的"岳家军"，都纷纷望风而逃。赵构看到自己的得力大将在前线

耻

节节胜利，认为自己收复北方河山大大有望，前期还大力支持岳飞等人。

秦桧明白如果岳飞真的赶跑了金军，身为主和派的他肯定不会再有什么荣华富贵了。于是就和其他一些主和派官员一块进谏谗言，诋毁岳飞，并对赵构说："如果岳飞打败金军，肯定会把困在北方的先主迎回来，到时候南宋的皇位就不一定还是您的了。"

赵构听后，就开始慢慢地疏远岳飞等人。后来秦桧还和金军串通，故意陷害岳飞，最后以"莫须有"的罪名将岳飞杀害了。

岳飞死后，秦桧开始独揽大权，最后升为丞相，再加上他背后有金国的支持，就更加肆无忌惮了。他担任丞相期间，卖国

耻

求荣，残害忠良，总之是坏事做绝，南宋在他的蹂躏下，国困民穷。身为一国宰相，他不为天下谋福反而鱼肉百姓，看到人民处于水深火热之中，不仅没有一点为民之心，竟还无耻地要求一些文人歌颂他的功绩，粉饰太平。

在秦桧专权的十八年里，南宋王朝变得异常腐败和黑暗，军民们无不对他恨得咬牙切齿。最终，恶人有恶报，秦桧死后被钉在了历史的耻辱柱上。人们为了表达对他的恨意，还专门为他们夫妇铸造了铜像，让其跪在岳飞墓前，遭人唾骂，铜像至今还在。

耻者说······

历史上的秦桧恬不知耻，卖国求荣，在害死忠臣岳飞后还专权跋扈，鱼肉百姓。后来国家被他搞得民不聊生，他竟然还不知羞耻地粉饰太平。最后，被后世唾骂，遗臭万年。恶人得逞一时，甚至得逞一世，但是正义的惩罚终究不会放过他。秦桧不知羞耻、卖国求荣的事例，值得我们每个人警醒。

勇，文之帅也。

——《国语·周语》

匹夫之勇，敌一人者也。

——《孟子·梁惠王下》

薛仁贵三箭定天山

薛仁贵是我国古代著名的军事家、唐初名将。他的先祖曾是名门望族，但是到了薛仁贵父亲这一辈就开始家道中落，后来再加上父亲早逝，生活变得更加困难。即便家境日益贫寒，薛仁贵依然没有放弃振兴家族的愿望。他少年时就开始奋发向上，文武皆修，希望日后能够成就一番伟业。

残酷的现实往往会狠狠地给理想打上一巴掌，薛仁贵也不例外。由于身份卑微，早年间他只能跟妻子柳氏以种田为业，日子勉强过得去。后来郁郁不得志的薛仁贵甚至开始有些迷信，认为自己不能飞黄腾达是由于先祖坟墓的风水不好，因此打算迁葬祖坟。

妻子柳氏见丈夫如此的不理性，就委婉地劝说道："我听说时势造就英雄，良才只有遇到好的机遇才能施展自己的抱负。现在我听说当今皇帝正招募勇士准备攻打辽东，这对于你来说是一个难得的机会，你何不去试一试？等你立功扬名之后，荣归故里时再迁葬祖坟也不迟。"薛仁贵认为妻子的话很有道理，便告别妻入伍去了。

刚开始薛仁贵只是一个普通小兵，从军入伍没多久，就跟着唐太宗李世民浩浩荡荡地奔赴辽东战场了。有一次，在辽东安地战场上，唐军的将领刘君邛 (qióng) 不幸遭到敌军围困，无法脱身，士兵们数次营救都没能成功。

眼看将军处境危险，薛仁贵立即提枪跨马，一个人径直冲向了敌军。说时迟、那时快，他如探囊取物般就杀了敌方一个将领，并将其的首级悬于马头之上。敌军没想到唐军中竟然还有如此勇猛的人，纷纷吓破了胆，赶紧鸣金收兵，唐将刘君邛得以获救。经过这场战斗，薛仁贵开始崭露头角。

不久之后，唐军与敌军展开决战，唐太宗李世民为了鼓舞士气就站在远方高处，亲自督战。不一会儿，战鼓雷鸣，喊声震天，两军开始进行厮杀。

其间，李世民看到乱军之中，有一个身着白袍的小将甚是勇猛。只见他手持方天画戟（jǐ），腰挂弯弓，一马当先地冲进敌军左砍右杀，势不可挡。

最后，唐军大获全胜，李世民十分高兴地询问左右："刚才那个作为前锋的白衣小将是谁？如此勇猛，朕竟然不知道。"有人回答说是薛仁贵，李世民听后笑着点了点头。薛仁贵在此一战成名，受到了李世民的亲自召见，并被加封为游击将军，官至六品。

薛仁贵成名之后，又立下了许多赫赫战功，最后被封为大将军。唐太宗去世后，唐高宗李治即位，依然重用薛仁贵。

有一年，与唐朝一向友善的回鹘（hú）族换了首

领，即位的新首领开始与唐朝为敌，
屡犯边境。为了彰显大唐帝国的国威，
同时好好教训一下反叛的人，唐高宗
就命令郑仁泰为主将，薛仁贵为副将，
带领着大军奔赴天山扫除敌患。

　　临出发前，皇帝为了给他们壮行，特地在宫
中摆宴款待将士们。唐高宗知道薛仁贵擅长拉
弓射箭，在席间就对他说："我听闻古代擅长射
箭的人，能够一箭射穿七层铠甲，爱卿也是一
个射箭高手，你射五层让大家开开眼界。"

　　薛仁贵听后，立
即让人摆好五层坚
甲，然后走出席位，
搭弓射箭。众人只听
到"嗖"的一声，箭
已经穿甲而过，皇帝
大为震惊，立即重赏
了他，并说："朕有
此猛将，何愁拿不下
那天山。"

薛仁贵等人带领大军离开了京城，几个月后终于来到了天山脚下。敌军得知唐朝派兵来讨伐自己，早已经聚兵十余万在此等候了。

唐军到达后，两军对垒，气氛一度十分紧张。敌军看到对面薛仁贵所带领的先头部队人数远不及自己，认为此战必胜无疑，便开始嚣张起来。敌军派出几员大将带领着数十人前来阵前挑战。

薛仁贵见敌军前来挑衅，便单枪匹马前去迎敌。只见薛仁贵在马上拉弓连发三箭，敌人还没来得及反应，为首的三员大将就惨叫着坠下马来。紧

接着薛仁贵大声喊道:"如果你们还是执迷不悟,他们三个就是你们今后的下场!"

赶来的其余敌军听到后纷纷下马请降。薛仁贵趁着敌军震惊之际,带着大军勇猛冲杀,结果原先还胜券在握的敌军纷纷溃败逃亡。

薛仁贵凯旋后,举国上下一片欢腾。军中为了歌颂薛仁贵的勇猛,还专门找人传唱:"将军三箭定天山,壮士长歌入汉关。"经过此次战役,唐朝边境安定了数十年之久。

勇者说 ······

薛仁贵虽出身低微,但是他敢拼敢闯,面对敌人毫无畏惧。从征辽东时的崭露头角,到三箭定天山的大败敌军,无不表现出他的神勇。保家卫国,匹夫有责,薛仁贵的勇敢精神,值得我们每一个人学习。

英勇夺围的荀灌

两晋时期，由于八王之乱，再加上五胡乱华，可以说是战争频发，人人自危。荀灌就是出生在这样的一个时代。她的父亲名字叫作荀崧 (sōng)，是三国时期著名谋士荀彧(yù) 的玄孙。

荀灌作为一个大家闺秀，却不像其他女孩子一样学习女红，对舞文弄墨也不感兴趣，从小偏偏喜欢舞枪弄剑。父亲对这个宝贝女儿十分疼爱，只好随着她的性子，尽量满足她。

荀灌十三岁时，已经有了不错的功夫，对付普通的流兵杂匪可以说是绰绰有余。这年春耕刚过，父亲荀崧就被任命为平南将军，镇守宛城。

在那个时代，兵荒马乱，再大的官衔也没什么用，一城之主常常是朝定夕改。所以，荀崧没有太在意。果然没过多久，原本的竞陵太守杜曾就发生了叛变，带领着几千军士气势汹汹地来攻打宛城。

　　荀崧所在的宛城守军只有近千人，由于地势险要，才勉强抵挡得住。敌人见无法强行攻城，只好将城门口堵住跟荀崧对峙起来。荀崧也明白，宛城虽然易守难攻，但是现在正处于青黄不接的时节，城中粮草怕是经不起长耗。

　　荀崧将部下们召集起来，共同商讨对策。看到众将齐聚大堂，荀崧首先询问道："城中粮草还可以撑多少时日？""禀告大人，最多能够勉强支撑一个月。"管理粮草的属官回答道。

　　此话一出，大堂之上顿时议论纷纷。荀崧将议论声压下来，说："大家对宛城的情况想必也都有所了解了吧？如今遭敌人围困，我方又粮草不足，怎么办？"

　　这时，有人提议说派人突围出城，前往临近的襄城

去搬救兵。荀崧也认为这是目前唯一的办法，于是问道："哪位勇士愿意带头突围出城？"结果众人都低下了头，无人应答。仔细想想也是，现在宛城被围得里三层外三层，别说突围了，就是连只苍蝇也很难飞出去。总之，突围出城绝对是九死一生，谁又愿白白地去送死呢？

荀崧也知道突围是一项危险的任务，但没想到竟然没有一个人愿意前往，心里又急又气。但是现在兵临城下，如果再不去找人求救，城池迟早会丢。他看了看眼前的部下，叹息道："行！你们不去，我去！"说着就准备往外走，众人慌忙将他拦住，说："荀大人，你可不能去啊！你走了，城中无主，你让我们还怎么守城啊！""你们没人愿意突围，但是也不能这样等死啊！"荀崧和众人正纠缠时，门外传来一个响亮的声音："我去！"

众人一看，原来是荀灌，只见她一身戎装，大大方方地走了进来。荀崧看到女儿自告奋勇地要求参加突围，断然拒绝道："你一个女儿家跟着瞎掺和什么，再说你还是个孩子。"

荀灌将头一扬，斩钉截铁地说："女儿家怎么了？女儿家就不能带兵打仗吗？我从小习武，父亲也知道我的功夫不比男儿差。再说现在守城空等肯定是绝路，突围求救，宛城还有一线希望。我身为你的女儿，理应为父亲分忧。"众人

听了苟灌的一番话，看到一个年仅十三岁的小女孩都主动请缨，而自己却贪生怕死不敢突围，个个惭愧得无地自容。面对女儿的再三请求，苟崧没有办法，只好同意。但是，女儿毕竟年龄太小，苟崧放心不下，便又挑选了十几个精兵，随她一起突围出城。

凌晨时分，夜色正浓，苟灌一行人悄悄地用绳子垂下城墙，来到了城外。他们全身上下都是夜行装扮，本以为趁着夜色可以突围出去，没想到刚出城不久，就被敌军发现了。

苟灌一行看到行踪暴露，赶紧向襄城方向疾行，但是敌人像恶狼一样穷追不舍。苟灌知道自己人手太

少，不可能打得过追兵，就激励身边的将士，边战边赶路。就这样，敌军一直追了很久才放弃。荀灌摆脱追兵后，又星夜兼程地赶了几天的路，终于来到了襄城。

见到襄城太守后，她说明来意并赶紧将父亲写的求救信交给了他。襄城太守看完信后，再看看眼前的人，认为荀灌一个小女子，竟然不怕牺牲，以

勇

身犯险，突出重围而来，此番胆识，令人惊叹。但是襄城能提供的援军也不多，根本救不了宛城。于是他建议荀灌向南中郎将周访写信求救，并说："他若肯出手相助，定能解宛城之围。"

荀灌明白救人如救火，听完襄城太守的话，她赶紧执笔以父亲的名义给周访写信。周访收到信后，立即让自己的儿子带领三千精兵前去宛城救援。

敌人听闻宛城的救兵到了，就赶紧撤军逃跑了。最后，人们都说宛城之所以平安无事，多亏了荀灌英勇突围，带来了救兵。

勇者说

　　古语云：巾帼不让须眉。故事中荀灌虽然只是年仅十三岁的少女，却在宛城被围时，自告奋勇地领兵突围，最后搬来救兵成功地解围救父。可见，一个人是否勇敢与他（她）的性别和年龄无关，有志不在年高，勇敢不分男女。

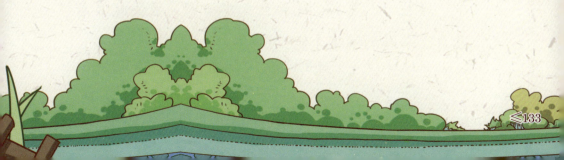

勇冠三军的班超

　　班超是我国东汉时期著名的军事家和外交家。由于早年家境贫寒，他常常靠为官府抄写文书来维持生计。但是低微的出身并没有妨碍他拥有远大的志向，每日伏案抄写的工作使他越来越感到无聊，最后他终于投笔从戎，希望能够在军中成就一番大业。

　　当时，西域各国与东汉王朝的关系都很好，正常情况下，他们会定期派人来中原朝见。可是有一段时间，西域各国突然与东汉断绝了联系，原来是北匈奴控制了西域诸国。北匈奴胁迫掌控西域后，实力大增，常常侵犯东汉边境，致使边境人民的生活动乱不堪。

　　为了解决边境危机，朝廷派大军前去讨伐北匈奴，班超也随军北征，并且在军中担任代理司马一职。班超一入军旅，就如鱼入水一般，很快就显示出自己卓越的军事才能。

在与北匈奴的交战中,他运筹帷幄,斩获颇丰。上级见他有如此才干,很是欣赏,就委派他出使西域,希望他能说服西域各国与东汉联合,共同抗击北匈奴。

班超接到命令后,就手持节杖,带领着三十多人组成的使团浩浩荡荡地出发了。汉朝时尚有"西域三十六国"之说,可见当时西域是小国林立。班超出使的第一个国家是鄯善国,即以前的楼兰古国。

见到鄯善国王后,班超向其说明了自己的来意。鄯善国以前就得知汉朝是一个地大物博的国家,曾经屡挫匈奴,所以国王见汉使来访时,显得格外热情,并对班超等人说:"贵国在我们这些西域小国的眼中是一个泱泱大国,如今您作为贵国的使者远道而来,我们岂能怠慢?请您在我们这稍住几日,至于

联合抵抗匈奴的事，我过两天一定亲自找您，商议具体对策。"班超见鄯善国王的态度如此诚恳，便答应下来。

刚开始，鄯善国王待班超等人还十分热情，但是没过几天，态度就有些改变了。班超敏锐地发现了这一变化，便对随从说："鄯善国王虽然还是好酒好菜地招待我们，但是在态度上你们有没有察觉到有所冷淡？"

众人听后，仔细一想还真觉得有些不对劲。于是，班超就要求立刻觐见鄯善国王，可是国王的态度与原先截然相反，要么是借口避而不见，要么见了面也闭口不提抗击匈奴的事。

班超见此越发觉得蹊跷，心想肯定是出了什么事，鄯善国王才会态度大变。然后，他将使团的人员召集起来进行商议，最后决定派人查明鄯善国王态度转变的原因。

没过多久，探子回来禀告："北匈奴也向鄯善国派出了使者，只不过比我们来得稍晚，我查探时鄯善国王正与他们喝酒聊天呢！"

班超听后，又赶紧问道："果然匈奴也派人前来游说了。你有没有查探清楚匈奴这次来了多少人？""除去使节，随从和护卫加起来大概有一百多人。"探子如实回答说。听到匈奴有一百多人，班超知道事态严重，赶紧对属下说："赶快把大家召集过来，就说我有重要的事相商，不可有丝毫拖延。"

等大家都到齐了，班超冷静地告诉众人："现在鄯善国王待我们的态度之所以冷淡，就是因为匈奴也派来了使者。倘若他们先我们一步说服了鄯善国王，我们不仅不能完成使命，恐怕大家都还会有性命之忧。我将大家召集过来，就是想听一听你们的看法。"

众人齐声说道："一切都听大人您的命令！"班超听后，拍案而起，斩钉截铁地说道：

"好！不入虎穴，焉得虎子。既然大家如此信任我，今晚我们就闯入匈奴驻地，杀他个片甲不留！"

当夜月黑风高，正是动手的好时机。班超等人看到匈奴人都在饮酒作乐，没有防备，心想："真是天助我也！"结果，班超以少胜多，将匈奴人全部消灭。当然，这里所发生的一切，鄯善国王毫不知情。

第二天，鄯善国王正纳闷为什么还不见匈奴使者前来王宫，这时只见班超提着匈奴使者的脑袋走了过来。

鄯善国王见状，慌忙问道："你……你这是做了什么？"班超凛然呵斥道："贵国也太不像话了，既然先前答应与我们结盟，为何还暗地里接见匈奴使者？现如今我们已经让匈奴使者的脑袋

搬家了，您看着办吧！"鄯善国王又惊又怕，很快召集大臣与汉朝签订了盟约。

西域其他各国听闻了班超的举动，纷纷表示愿与汉朝世代友好，也都很快与汉朝签订了盟约，班超终于不辱使命，圆满地完成了任务。

勇者说 ……

　　故事中，班超在得知匈奴使者也来到了鄯善国争取结盟时，果断出手，敢于冒必要的危险，最后杀死了匈奴使节，使汉朝与鄯善国得以成功结盟。有时在生活中遇到危险也是这样，只有果断出手，勇敢面对才能成功。如果在该勇敢出手时却犹犹豫豫、畏缩不前，后果往往不堪设想。

豪杰何须带刀剑

　　韩愈是我国唐代著名的文学家、思想家和政治家，他也是"唐宋八大家"之首，在文学方面很有造诣，世称"韩昌黎"。韩愈虽然才高八斗，但是命运多舛，多次参加科举考试都不尽如人意，直到三十多岁时才真正走进官场，踏入仕途。

　　韩愈因为人正直，不屑逢迎，所以在官场上也是屡屡不得志，备受打压。一直到他自己年过五旬，才当上兵部侍郎一职。

　　当时唐朝已经过了巅峰时期，唐穆宗当政，国力开始衰退，朝廷对地方势力的管控能力大大降低。在韩愈刚就任兵部侍郎不久，镇州（今河北正定）就发生了叛变。

　　究其原因，是朝廷派去的镇州节度使不知体恤部下，引起了将士们的不满，镇州兵马使王庭凑乘机作乱，撺掇士兵们进行了兵变。结果，原先的镇

州节度使及其幕僚全被杀害了，并且叛军还要求朝廷必须任命王庭凑为新的镇州节度使。

朝廷绝不会允许地方武装叛乱，于是紧急调大军前往镇州，讨伐王庭凑。朝廷派去的军队人数是对方所拥有军队的数倍，但是王庭凑用兵诡诈，不仅击退了讨伐军还顺便将朝中的将领牛元翼围困在了深州（今河北深州）。

朝廷没想到结果竟然会是这样，只好向王庭凑屈服，答应了他的要求。但是派谁前去劝说王庭凑，并解除深州之围呢？之前唐朝的书法大家颜真卿就是在劝说叛军时被杀害的，所以大臣们深知叛军的危险，一个个都面面相觑，不敢言语。

这时，身为一介文臣的韩愈站了出来，说自己愿意前往镇州"宣慰"。唐穆宗看到有人

为自己解忧，心里很是高兴，立即同意了。

年过半百的韩愈奉命启程后，当时的宰相元稹当着唐穆宗的面，叹道："韩愈可惜！"唐穆宗听后，立刻明白了王庭凑既然叛变，肯定不会把朝廷大臣放在眼里，韩愈此行定是凶多吉少。他赶紧派人前去阻拦。韩愈却对皇帝派来的人说："阻止我前去，这是君王的仁心；为君命赴死，这是我身为臣子的忠义。我怎能为了苟活而贪生怕死呢？"为了朝廷的尊严，韩愈毅然决然地前往镇州。

在韩愈日夜兼程地赶往镇州时，王庭凑这边也没有闲着。得知朝廷要派人前来，他早就让将士们全副武装，严阵以待。韩愈赶到时，王庭凑正坐在大堂之上，庭下甲兵密布，并且刀剑出鞘，一副杀气腾腾的样子。

叛军本以为朝廷会派一个武将来，没想到来的却是一个手无缚鸡之力的韩愈。王庭凑让一些手下站成两排，纷纷举起刀来，搭成一片"刀剑林"，就是想要给韩愈来一个下马威。韩愈看到叛军如此"欢迎"自己，毫无惧色，大步穿过"刀剑林"走向王庭凑，这下子反而使做贼心虚的王庭凑感到害怕了。

　　王庭凑没想到韩愈竟然如此勇敢，就故意试探口风，推托自己也不想这样，一切都是下面的士兵不听话造成的。同时，庭下全副武装的叛军按先前的布置，气势汹汹地围了上来。

　　韩愈面不改色，对围上来的叛军呵斥道："这是要干什么？难道你们真的想当叛军吗？我今天要好好跟你们谈谈叛逆和忠顺的利害。远的不说，就说先前的安禄山、史思明这些叛贼，他们有好下场吗？子孙后代有一个荣华富贵的吗？"

　　接着，韩愈又说："原先朝廷派来的镇州节度使，他的子孙虽然年幼，但因为对朝廷忠心，已经被授了官，这不是光宗耀祖的事吗？"一些士兵还是不服，说道："原先的节度使虽然对朝廷忠心，对我们却十分刻薄，我们正是因为他才选择作乱的。"韩愈听后故作生气地说："但你们已经把他杀了，而朝廷又没有对此追究，你们现在还要说什么？"众军士听后，一个个哑口无言。

王庭凑看到军心动摇，担心将士们真的被韩愈说动，便令部下全部退下去，然后转身笑着问韩愈："不知侍郎这次前来所为何事？"韩愈装作满不在乎地说："听说你发兵将牛元翼等人围困在了深州，朝廷对此并不在意，但是为了顾全大局，还是不能对他不管不问。现在朝廷已经准许你当镇州节度使，你又何必老盯着他不放呢？"王庭凑看到朝廷答应了自己的要求，便见风使舵，答应解除深州之围。

最后，牛元翼突破重围，冲出深州，王庭凑也听从韩愈的话，不予追击。就这样，韩愈单刀赴会，凭借自己的勇敢和机智，成功地将一场危机化解了。

勇者说······

　　故事中的韩愈不惧危险，独自一人深入叛军之中，其间镇定自若，以理服人，最终不辱使命，解了深州之围。豪杰何须带刀剑，真正的勇敢，不一定非得舞枪弄棒，面对危险时，能够从容不迫、沉着应对也是一种勇。

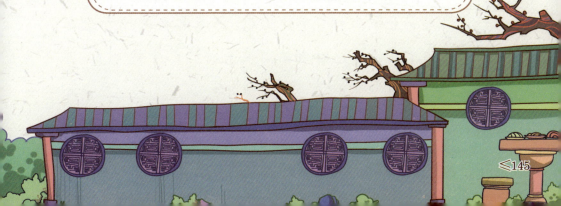

胆小懦弱的阿斗

　　三国时期，蜀国的刘备在弥留之际，将自己的儿子刘禅托付给了丞相诸葛亮。诸葛亮在接受遗命以后，鞠躬尽瘁，多次北伐中原以复兴汉室。结果他在北伐期间不幸病逝，蜀国的重担一下子全都落在了资质平平的蜀国新主刘禅身上。

　　刘禅是刘备的长子，也就是当年赵云大战长坂坡所救的那个"幼主"。相传是因为他的母亲曾经梦到自己一口将北斗星吞下，才怀孕生的刘禅，所以刘备就将他的小名唤作"阿斗"。

　　阿斗在位初期，由于当时诸葛亮等人在身旁尽心辅佐，所以蜀国在三国之中还有一席之地。待诸葛亮等一批老臣相继去世之后，刚开始他还能听从诸葛亮的教诲，举贤任能，但是后来他便开始宠信宦官黄皓。此时的蜀国本来将帅之才就不多，再加上佞臣黄皓的蛊惑，刘禅开始亲近小人、远离贤

臣，致使蜀汉慢慢走向了衰弱。

有一年，蜀国的大将姜维听了下属的禀告，得知魏国的钟会正在关中不停地操练士兵，他担心魏国攻打蜀国，便赶紧上书对刘禅说："臣得知魏国正在关中频繁练兵，陛下要尽早做好防御准备啊！"可惜刘禅不听信忠臣的良言，反而赞同宦官黄皓的看法，认为蜀道艰险，魏国不会攻打蜀国的。因此就没把姜维的话放在心上，致使其他大臣们也不知道这个消息。

当年夏天，魏国果然如姜维预料的那般，派大军直扑蜀国而来。这时刘禅才知道慌了，手忙脚乱地赶紧派军队前去抵挡。

由于蜀国先前并没有任何准备，这样仓促应战，肯定会吃亏。果然，前期魏军节节胜利，而蜀军却连连溃败。当时蜀国国力虽然

相对魏国比较弱小，但是依仗着有高山险道，易守难攻，面对魏军的攻势，还是有很大机会战胜的。因此蜀将姜维并未放弃抵抗，而是依靠天险，将魏国大军阻挡在了剑阁。

后来随着战争的继续，魏国一个名叫邓艾的将军带领着两千人马侥幸地偷渡阴平，直奔蜀国国都而来。刘禅一看兵临城下，顿时慌了，竟不知怎么办才好。

邓艾的军队虽然攻势凶猛，但只是一支孤军，粮草并不能坚持太久。当时蜀国都城里还有相当一部分守军，并且援军已经在赶来的路上，也就是说刘禅只要下令再坚守一阵，战事就会有转机，甚至连魏军将领邓艾，自己也没有把握能成功拿下蜀汉国都。

可是，胆小懦弱的刘禅，竟然连稍微抵抗一下

的勇气都没有，就开城投降了。出城投降时，刘禅身着布衣，自捆双手，并用驴车拉着棺材，堂堂一国之君，竟然是如此一副狼狈之相。

邓艾没想到蜀国君主会如此懦弱，还没开战竟主动弃城投降了。既然有天上掉馅饼的好事，邓艾便抓住这个机会，让刘禅给留守在剑阁的将领们也下一道命令，让他们弃械投降。

此时的姜维等人正在剑阁与敌人对峙，胜负未分，忽然收到刘禅要求投降的命令，很是诧异。一向谨慎的姜维起初还以为这是敌方所使的奸计，经过再三确认后，才明白投降的指令竟然是真的。

将士们得知后主刘禅竟然不战而降，气得纷纷拔剑砍石以泄怨气。刘备辛辛苦苦建立的蜀国，就这样让儿子刘禅给葬送了。

蜀国投降后，刘禅被带到了魏国的国都洛阳生活，

其实也就是当了魏国的俘虏。有一天，魏国权臣司马昭宴请刘禅，并且让人故意当着他的面表演蜀国的歌舞。

跟随刘禅的蜀国臣子们看到熟悉的表演，不禁想念起自己的故国，都很悲伤难过，唯独刘禅一人看得津津有味。

司马昭借机问刘禅："你现在是否还想念蜀国？"刘禅美滋滋地回答说："我留在这里，日子过得很不错，不想

念蜀国，没事想它干吗？"

司马昭看到刘禅身为亡国奴，不思复国，竟然还乐而忘本，如此的无能懦弱，怪不得即使有诸葛亮辅佐也没能成大器。后来，人们便用"扶不起的阿斗"来讽刺刘禅的懦弱无能，而他乐不思蜀的故事，也成了后世代代相传的笑柄。

勇者说……

故事中的刘禅没有一点骨气，不战而降，甘愿沦为"亡国奴"。没有了故国，竟然还抱着"此间乐，不思蜀"的心态，真是令人可笑又可气。一个人要是没有一点骨气，遇事就像刘禅一样胆小懦弱，那么他也只不过是一个"扶不起的阿斗"，成不了什么大事。

名人名言知多少

忠

临患不忘国,忠也。

——《左传》

苟利国家,不求富贵。

——《礼记》

位卑未敢忘忧国,事定犹须待阖棺。

——陆游

先天下之忧而忧,后天下之乐而乐。

——范仲淹

苟利国家生死以,岂因祸福避趋之。

——林则徐

孝

事亲以敬,美过三牲。

——挚虞

谁言寸草心,报得三春晖。

——孟郊

孝子之养也,乐其心,不违其志。

——《礼记》

事其亲者,不择地而安之,孝之至也。

——庄子

不得乎亲,不可以为人;不顺乎亲,不可以为子。

——孟子

激浊而扬清,废贪而立廉。

——柳宗元

忧劳可以兴国,逸豫可以亡身。

——欧阳修

文臣不爱钱,武臣不惜死,天下太平矣。

——岳飞

富与贵,是人之所欲也。不以其道得之,不居也。

——《论语》

耻近乎勇。

——孔丘

卑贱贫穷,非士之耻也。

——刘向

荣辱之责,在乎己而不在乎人。

——魏徵

贫莫贫于不闻道,贱莫贱于不知耻。

——李西沤

视死若生者,烈士之勇也。

——庄子

捐躯赴国难,视死忽如归。

——曹植

我自横天向天笑,去留肝胆两昆仑。

——谭嗣同

匹夫见辱,拔剑而起,挺身而斗,此不足为勇也。

——苏轼

图书在版编目（CIP）数据

中国好家风　忠孝廉耻勇：小学生传统文化第一课 /
米家文化编绘. —— 杭州：浙江人民美术出版社,2018.1（2019.6重印）
ISBN 978-7-5340-6418-0

Ⅰ．①中… Ⅱ．①米… Ⅲ．①中华文化-小学-课外
读物 Ⅳ．①G624.203

中国版本图书馆CIP数据核字(2017)第313544号

责任编辑	冯　玮
内文制作	米家文化
整体设计	米家文化
责任校对	黄　静
责任印制	陈柏荣

小学生传统文化第一课

中国好家风

忠孝廉耻勇

米家文化/编绘

浙江人民美术出版社出版·发行

（杭州市体育场路347号）

印刷:三河市华晨印务有限公司　　经销:全国各地新华书店

开本:710mm×1000mm　1/16　印张:10

字数:100千字　　印数:13,001-23,000

2018年1月第1版·第1次印刷

2019年6月第1版·第4次印刷

ISBN 978-7-5340-6418-0　　定价:25.00元